Das Buch

Eine Reise weit heraus aus der Komfortzone – bei der Kurt Krömer mehr gelernt hat als andere auf dem Jakobsweg. Dieses Buch ist ein Ereignis. Der Komiker und ARD-Late-Night-Talker Kurt Krömer ist bekennender Pazifist und anerkannter Wehrdienstverweigerer. Doch als sich die deutschen Bundeswehrsoldaten in Afghanistan gerade von ihm einen Auftritt zur Truppenunterhaltung wünschten, sagte er spontan zu. Von dieser Reise in eine der gefährlichsten Krisenzonen der Weltpolitik berichtet Kurt Krömer in seinen Aufzeichnungen – eine Reise, der dann sogar noch eine zweite Reise folgte, um neben dem Alltagsleben der deutschen Soldaten auch das zivile Leben der afghanischen Bevölkerung in der Hauptstadt Kabul kennenzulernen. Das Sensationelle dieses Berichts liegt im Aufeinandertreffen von Komik und Tragik, von scharfem Witz, genauer Beobachtung und der allgegenwärtigen Bedrohung, der Soldaten wie Zivilisten in Afghanistan jederzeit ausgesetzt sind. Entscheidend ist, dass Kurt Krömers trockener Humor nie zynisch ist, sondern dass es regelrecht befreiend wirkt, wenn er auf seine unnachahmliche Art die überall lauernden Gefahren beschreibt und die Soldaten und Soldatinnen porträtiert, auf die er dort getroffen ist und die ihn mit offenen Armen empfangen haben.

Die Autoren

Kurt Krömer, geboren 1974 in Berlin, ist Komiker und Schauspieler. Neben Kabarettprogrammen und Filmrollen war der Grimme-Preisträger Gastgeber mehrerer TV-Shows, u. a. »Krömer – Late Night Show« in der ARD, in der Szenen aus Kurt Krömers Afghanistan-Trip als Einspieler gezeigt wurden.

Tankred Lerch wurde 1970 in Lübeck geboren, ist in Hamburg zur Schule gegangen und hat in Kiel studiert und volontiert. Seitdem wohnt er in Köln und arbeitet als Autor und Producer fürs Fernsehen. Momentan zum Beispiel für »Stromberg« und »Krömer – Late Night Show«. Tankred Lerch ist Mitglied des FC St. Pauli.

1328

Kurt Krömer

Tankred Lerch

Ein Ausflug nach wohin eigentlich keiner will

Zu Besuch in Afghanistan

Kiepenheuer & Witsch

Verlag Kiepenheuer & Witsch, FSC® N001512

1. Auflage 2013

Umschlaggestaltung: Rudolf Linn, Köln
Umschlagmotiv oben: © Christian Kryl
Umschlagmotiv unten: © Adrian Hüttel
Gesetzt aus der Aldus und der Syntax
Satz: Buch-Werkstatt, Bad Aibling
Druck und Bindung: CPI – Clausen & Bosse, Leck
ISBN 978-3-462-04536-9

Prolog

An dieser Stelle muss ich kurz das *erste* Vorwort erwähnen, das ich bereits vor Monaten, nach meiner ersten Reise nach Afghanistan, für dieses Buch geschrieben hatte. Und erklären, warum ich es wieder gelöscht habe.

In diesem ersten Vorwort sah man deutlich, hier ist ein Berufskomiker am Werk: in jedem Satz eine Knaller-Pointe, ein dicker Otto. Gib dem Affen Zucker! Wo Kurt Krömer draufstand, sollte auch Kurt Krömer drin sein! Mein erstes Buch! Die Leute sollten schließlich ein Kurt-Krömer-Buch bekommen. Und ich wollte schließlich vorm Hugendubel am Hermannplatz vorbeispazieren und meine Deko-Auslage genießen.

Die Wahrheit ist: Ich schrieb dieses Vorwort unter Einfluss von Alkohol. Ich schrieb es in der Angst, den Erwartungen, die der Verlag, die Leserschaft und ich selbst an mich stellen würden, nicht gerecht werden zu können.

Es war auch die Angst, der ich auf zwei Reisen nach Afghanistan begegnet bin. Bei Soldaten, Zivilisten, meinem Team und nicht zuletzt bei mir selbst. In der Zeit davor und danach.

Ich hatte versucht, das wegzudrücken, mit pfiffigen Sprüchen wegzuschreiben. Es ist ja schließlich alles gut gegangen. *Gut gegangen? Wie naiv!*

In drei Tagen geht das Buch in den Satz. Ich habe ein neues Vorwort geschrieben, und diesmal ist es die Wahrheit und nichts als die Wahrheit.

Ihr Kurt Krömer
Berlin, im März 2013

Vorwort

Anfang 2012 erreichte mich eine Einladung der Bundeswehr. Beim Wort *Bundeswehr* zuckte ich zusammen. Ich hatte total verweigert, weder Wehrdienst noch Zivildienst geleistet.

Meinem Stress mit dem Kreiswehrersatzamt und der folgenden zweijährigen Flucht vor dem Dienst habe ich ein eigenes Kapitel in diesem Buch gewidmet.

Deswegen sei an dieser Stelle nur kurz angemerkt: mein Verhältnis zur Bundeswehr war *suboptimal.*

Sie können sich daher vorstellen, dass ich beim Erhalt der Einladung schon ein wenig irritiert war. Es war allerdings nicht die erste Auftrittsanfrage. Vor etwa sieben Jahren, zu Zeiten des Kosovo-Krieges, hatte ich bereits die erste Einladung der Bundeswehr bekommen.

Auf reine Truppenbetreuung hatte ich aber auch jetzt keine Lust. Hinfliegen, den Hampelmann machen und dann wieder zurück nach Hause? Nicht mit mir. Also beschloss ich schnell, die Begegnung mit der Bundeswehr zu filmen. Dann hätten wir beide was davon, dachte ich mir, die Bundeswehr ihre Truppenbetreuung und ich kleine, kurze Filme für eine geplante Fernsehsendung. Die Gespräche mit der Pressestelle der Bundeswehr in Potsdam begannen.

Was man sich denn so vorstelle, lautete ihre erste Frage.

Trotz aller Behäbigkeit des Beamtenapparates der Bundeswehr schien man der ganzen Aktion gegenüber aufgeschlossen zu sein. Wir schrieben ihnen also, dass wir gerne Gespräche mit den Soldaten führen, deren Tagesabläufe und Freizeitaktivitäten filmen, des Weiteren Gespräche mit dem Militärpfarrer und mit weiblichen Soldaten führen und ansonsten vor Ort sehen wollten, was uns interessant erscheint. Kurzum, wir wollten eine Drehgenehmigung für alles. Dem wurde stattgegeben. Dass alles so unkompliziert und schnell zu unseren Gunsten entschieden wurde und eine ständige Offenheit herrschte, machte uns allerdings stutzig. Wir machten uns darauf gefasst, dass Zusagen, die in Potsdam gemacht werden, vor Ort in Afghanistan jederzeit gekippt werden könnten. Die einzige Auflage, die schon im Vorfeld ausgesprochen wurde, lautete: Gefilmt werden dürfen ausschließlich deutsche Soldaten. Keine Soldaten anderer Nationen. Und auf gar keinen Fall amerikanische Soldaten. Es dürfen keine Bilder oder Aufnahmen von den Wachtürmen in den jeweiligen Camps gemacht werden. Und die Namen der jeweiligen deutschen Soldaten dürfen weder ausgesprochen noch auf der Uniform lesbar sein. Das mit den sichtbaren oder ausgesprochenen Namen könnte zu Anfeindungen der Soldaten und ihren Familien in Deutschland führen, schärfte man uns ein.

(Deswegen haben wir den Personen, die wir kennengelernt haben, in diesem Buch erfundene Namen gegeben, ausgenommen sind solche, die in der Öffentlichkeit stehen.)

Als der Deal mit der Bundeswehr abgeschlossen war, stellte ich mein Team zusammen. Ein Kameramann, der schon ein paar Jahre zuvor monatelang für die ARD in Afghanistan gedreht hatte, plus sein damaliger Ton-Mann. Außerdem kamen meine beiden Manager, Kleo und Pino, und mein Realisator Tankred Lerch mit auf diese Reise.

Tankred Lerch hatte ich auf meiner letzten Tournee kennengelernt. Wir diskutierten über die uns anwidernde Comedy-Szene in Deutschland und über den Widerspruch, sich über eine Welt aufzuregen, von der man andererseits lebt. Und sofort waren wir bei der allseits beliebten Debatte, über wen oder was man sich eigentlich lustig machen kann oder darf. Und mitten in diese Diskussionen hinein kam meine Einladung zur Bundeswehr nach Afghanistan. Wir waren uns über alle Maßen einig, was meine Absichten betraf, und prompt wurde die Reise um eine Person aufgestockt.

Uns beide interessierte von Anfang an, wie man Humor in einem Kriegsgebiet einsetzt, ohne sich über die Opfer – in diesem Fall das afghanische Volk – lustig zu machen. Klar war auch, dass wir nicht über die Soldaten herziehen wollten. Das wäre zu einfach. Das hätte man schließlich in einer Berliner Kaserne oder irgendwo anders in Deutschland als Fernsehen-Sketch drehen können.

Zu diesem Zeitpunkt hatten wir alle noch keinen blassen Schimmer, wie sehr uns diese Reise beeindrucken würde. Wir waren coole Fernsehleute, die eine kühne Sendung aufstellen wollten. Und das mit *echtem* Material.

Von einem möglichen Buch war noch gar keine Rede. Überhaupt kam die Idee dazu erst viel später, Tage nach unserer ersten Heimreise.

Dieses Buch ist ein Erfahrungsbericht über meinen zweiwöchigen Aufenthalt in Afghanistan. Ich möchte mich hier weder als Kriegsberichterstatter noch als Historiker in Sachen afghanischer Geschichte etablieren. Es wäre pure Scharlatanerie.

Wir haben monatelang geplant. Um die Berichterstattung in eigener Sache haben wir uns auch gekümmert. Wir haben damals lange Stillschweigen bewahrt und nichts über meine Reise durchsickern lassen, auch aus Sicherheitsgründen. Bis zur Pressekonferenz in Sachen neuer Krömer ARD Show. Dort verkündete ich selbstbewusst: *Übrigens, ich war gerade in Afghanistan.* Stille. Schockstarre. Dann, aus der Tiefe des Raumes, die Frage: *Warum tragen Sie die Haare jetzt hoch und nicht mehr gescheitelt?*

Das hat mich sehr aufgebaut, da ich jetzt weiß: Sollte meine Karriere irgendwann mal den Bach runtergehen, kann ich immer noch als Haarmodel arbeiten.

In meinen Bühnenprogrammen mache ich mich oft – und oft zu Recht – über Journalisten lustig. Allerdings hat es ein Einzelner geschafft, mich nachhaltig zu beeindrucken und den Berufsstand für mich persönlich wieder ins rechte Licht zu rücken: Peter Kümmel.

Denn um nicht ganz auf journalistische Berichterstattung zu verzichten, haben wir Peter Kümmel auf den ersten Teil unserer Reise mitgenommen, der zusätzlich aus seinem Blickwinkel über unseren Besuch bei den Soldaten und die Dreharbeiten in Afghanistan für das ZEIT-Magazin berichtet hat.

Teile seiner Reportage, die am 16.08.2012 im ZEIT-Magazin erschienen ist, durfte ich als Ergänzung in meinen Bericht einbauen. Dafür bedanke ich mich herzlich.

Erster Teil

Zu Besuch bei der Bundeswehr
in Afghanistan

Anreise

Wenn man vom Flughafen Köln/Bonn aus mit der Luftwaffe nach Afghanistan fliegen möchte, ist das schon ein Unterfangen an sich. Man muss nämlich zuallererst auf den militärischen Teil des Flughafens gelangen. Hier sieht man mustergültig, dass militärische Geheimnisse in Deutschland durchaus bewahrt werden können. Denn niemand kann uns sagen, wie wir dorthin kommen. Die beste Antwort gibt es von einem blonden Engel an der Airport-Info: *Außen rum.*

Aha! Über das Rollfeld, oder was?

Selbst Kölns Taxifahrer haben keine Ahnung. Im Nachhinein ist mir auch klar, wieso. Die Tour ist für sie nicht gut. Man muss tatsächlich von außen einmal um das halbe Flugplatzgelände herumfahren und landet dann bei knapp zehn Euro auf dem Taxameter. Aber einer von hundert Taxifahrern am Flughafen lässt sich dann doch herab und erweist uns die Ehre, seiner Beförderungspflicht nachzukommen. Einzige Bedingung: Das sofortige Starten des Taxameters. Und bei der Größe unserer Truppe wird ihm das mehr Gewinn einbringen als ein durchschnittliches Rubbelfix-Los, denn mein Manager Pino ist irgendwo im Flughafen auf der Suche nach Kippen verloren gegangen, und Peter Kümmel, der Journalist der ZEIT, versucht eine Winterjacke mit Fellkragen in seinem Koffer zu verstauen. Der Koffer ist so riesig, dass man darin eine Kita eröffnen könnte. Peter hat ihn allerdings so gut befüllt, dass darin nicht einmal mehr Platz für seine Jacke ist.

Was will er eigentlich mit so einer Felljacke? Wir fliegen doch nach Afghanistan und nicht an den Nordpol. Und was will er überhaupt mit den ganzen Klamotten? Will er länger bleiben als wir? Vielleicht hat er auch seinen Fotografen darin versteckt, denn der ist der Einzige, der noch nicht hier ist.

Apropos Fotograf, wo ist eigentlich meine Kamera?

Ich habe sie nicht mehr bei mir. Ich habe sie drinnen vergessen. Aber in welchem Drinnen? Drinnen im Flugzeug? Drinnen im Terminal? Wenn Terminal, dann welcher Terminal? Köln oder Berlin? Ich werde wahnsinnig. Jetzt fällt es mir wieder ein. Haupthalle Tegel. Super. Ich rufe Pino an und bitte ihn, die Hotline des Flughafens anzurufen. Na ja, denke ich, dann habe ich jetzt schon mal ein Ziel, falls ich heil nach Hause zurückkommen sollte: meine Kamera wiederbeschaffen. Ich würde mir am liebsten selbst in den Hintern treten.

Ich schaue mich um. Ich habe ein Dreamteam um mich versammelt. Da wären meine Managerin Kleo (Pino ist immer noch nicht aufgetaucht), mein Realisator Tankred, der einen Pulli mit der Aufschrift *Koksen ist achtziger* trägt (auch eine sichere Bank, um schnell durch jede Zollkontrolle zu kommen), Herr Kümmel und sein Fotograf (den wir ebenfalls noch vermissen) sowie ein Kamerateam, bestehend aus zwei Mann. Kamera und Ton.

Das Kamerateam verhält sich vorbildlich. Beide sind freundlich, ruhig und bieten mir Schokoriegel und Haferkekse an. Da ich im Flugzeug von Berlin nach Köln das Pappbrötchen verschlafen habe, nehme ich beides dankend an.

Der Taxifahrer hat jetzt telefonisch einen Verwandten er-

reicht, der bereit zu sein scheint, ihm den Weg zum Militärflughafen zu beschreiben. Er sieht nicht *amused* aus.

Wir nutzen die Wartezeit, um drei Zigaretten nacheinander
zu rauchen. Dabei beobachten wir, wie der Taxifahrer Kleo
dabei beobachtet, wie sie das schwere Gepäck in seinen Wagen lädt.

Ich habe mich vorher schlaugemacht. Aus unserem Team
haben zwei gedient: Pino, mein Manager, war beim Musik-
korps, und bei Tankred, meinem Realisator, gab es während
des Wehrdienstes irgendwelchen Ärger mit Haschisch. Nach
eigener Aussage war er aber wohl entweder unschuldig oder
wurde freigesprochen. Die anderen haben verweigert oder
sind ausgemustert worden. Und ich, ich bin Totalverweige-
rer. Mir wird klar, wir brauchen keinen Hinterhalt zu befürchten. Wir sind bereits einer.

Pino kommt zurück. Der Geldautomat war kaputt. Und
wegen meiner Kamera, da würde man ihn – falls man sie
findet – anrufen. Alles klar, denke ich, das Ding ist also für
immer weg.

Zigaretten hat Pino in der Eile vergessen zu kaufen. Er
raucht eine von meinen und beobachtet uns, wie wir den Taxifahrer beobachten, der immer noch Kleo beobachtet, die
nun den letzten Koffer in den Wagen gehoben hat. Warum
hilft ihr denn keiner, denke ich, und zünde mir noch eine Zigarette an.

Wir steigen ein. Das Taxameter steht bei sechsunddreißig
Euro. Bei dreiundvierzig achtzig halten wir wieder an. Wir
sind da. Der Militärflughafen Köln-Wahn. In der Mitte der
Wartehalle steht ein Hippie mit Haaren bis zum Hintern
und einer Piloten-Sonnenbrille, die sich in seinen Haaren

verfangen hat. In seiner Mähne könnte man die halbe Auslage eines durchschnittlichen Optikergeschäftes verstecken. Er winkt uns zu. Es ist Christian, der Fotograf der ZEIT. Jetzt sind wir komplett und bereit für das Spiel *Passlotto, wer hat ihn heute vergessen?*. Die Antwort ist einfach: Keiner, weil Kleo vor Reisebeginn alle Pässe an sich genommen hat.

Jetzt wird es ernst.

Die Wartehalle besteht aus Glas und Stahl. Das Gebäude ist voller Soldaten. Angehörige und andere Zivilisten sind in der absoluten Unterzahl. An diesem Morgen gehen vier Flüge raus. Unser Flug geht nach Termez in Usbekistan. Ab da soll es mit der Transall erst nach Mazar-e Sharif und dann nach Kabul weitergehen. Dort dann entweder per Hubschrauber oder Konvoi. Das wissen wir noch nicht. Unser Flieger ist der dritte. Wir haben noch Zeit für ein paar Zigaretten und einen Kaffee. Der Kaffee kostet nur neunzig Cent, schmeckt aber wie zwanzig. Die Uniformen der Soldaten sind alle gleich. Unterscheiden tun sie sich nur durch die Rangabzeichen auf den Schultern. Das zivile Prinzip »Keiner ist besser angezogen als der Chef« wird somit außer Kraft gesetzt. Das ist selten. Außer bei der Bundeswehr geht das nur bei Angela Merkel und Sido. Aber die geben ihren Leuten auch kaum eine Chance.

Dann ist es so weit: Passkontrolle, Gepäckaufgabe und Röntgen des Handgepäcks. Unser Flieger ist ein Airbus A310 – 300 und er ist gut besetzt.

Anstatt des üblichen Bordmagazins liegt eine Ausgabe von *Y – Das Magazin der Bundeswehr* in der Sitztasche vor einem aus. Das ganze Heft ist ein einziger Werbeprospekt für die Bundeswehr. Ich sehe mich um, doch niemand blättert darin, außer mir.

Einstieg in die Maschine der Luftwaffe in Köln-Wahn

Wir fliegen unter anderem über die Grenze zwischen Kasachstan und Usbekistan. Von oben sieht es aus, als würde man Mittelerde in Richtung Auenland überfliegen. Oder als ob Kinder eine Landschaft für eine Modelleisenbahn gebaut hätten. Das eine Kind ein prachtvoller Tausendsassa aus gutem, liebevollem Elternhaus und das andere ein depressives Heimkind.

Nach ca. fünf Stunden landen wir in Usbekistan auf dem Flughafen von Termez. Der Kapitän ist vom Rang her Major. Das weiß ich, weil er es sagt. Er bedankt sich bei allen Gästen und bittet uns sitzen zu bleiben, bis wir aufgerufen werden. Da der Flieger voll besetzt ist, kann das hier wohl dauern, denke ich mir. Doch beim Aussteigen gibt es Promibonus. Allerdings nicht für mich, sondern für einen Staatssekretär aus dem Bundesministerium der Verteidigung. Er darf als Erster aussteigen. Die Soldaten freuen sich über seine Anwesenheit ungefähr so wie die spanische Regierung über die Ratingagentur Moody's. Unsere kleine Reisegruppe kommt aber auch recht bald dran, wir werden an der Gangway von Feldwebel Thea empfangen. Dass sie Feldwebel ist, weiß ich, weil sie es sagt. Im Verlauf unseres Aufenthalts wird uns auffallen, dass Militärs sich stets und prompt mit Rang und Namen vorstellen. Thea erklärt uns zunächst das Notwendigste dessen, was wir hier in Termez wissen müssen: Folgen und Aufsitzen. Folgen heißt Folgen und Aufsitzen bedeutet, in einen camouflagefarbenen VW-Bus einzusteigen. Die Pässe behält sie.

Um das Gepäck brauchen wir uns keine Sorgen zu machen, sagt Feldwebel Thea. Klar, das sagen sie bei Airberlin auch immer. Und dann hat man die zweihundert Euro Gebühr für achtzig Gramm Übergepäck umsonst bezahlt, weil der Koffer auf Mallorca ist und man selbst in Buenos Aires.

Es gibt hier aber viel zu viel zu sehen, um sich lange darüber aufzuregen. Stahl, Beton und Stacheldraht. Schön ist es nicht, und die Sonne geht hier in Usbekistan schneller unter als die FDP in Deutschland. Man möchte meinen, selbst die Dunkelheit kommt zackig. Feldwebel Thea zeigt uns noch kurz, wo es nachher Abendessen gibt, und schickt uns dann auf den *Marktplatz*.

Marktplatz? Ja, sagt sie, das würde nur so heißen und wäre genau dort, wo wir jetzt gerade stehen. Aha. Also bleiben wir stehen und rauchen an Ort und Stelle die ersten vier Zigaretten nach dem Flug. Es ist nicht übermäßig heiß. Nur sehr warm.

Unterkunft, erste Nacht in Usbekistan

Kurze Zeit später treten alle Soldaten in Uniform auf dem Marktplatz an. Jede Gruppe hat vorhin beim Aussteigen eine Farbe genannt bekommen, und wenn die betreffende Farbe aufgerufen wird, darf die Gruppe zu dem von ihr aufgegebenen Gepäck gehen. Unsere Gruppe hat Grün. Oder Braun. Oder Grau. Da gehen die Meinungen auseinander. Wir gehen einfach bei Rot mit, und keiner protestiert. Thea bringt uns zu unserem Container. Die Containerbehausungen sehen so aus wie die Geschäftsstelle des FC St. Pauli.

Es gibt eine Containerkolonie mit Waschräumen und Toiletten und eine andere mit Schlafräumen. In den Zimmern gibt es Klimaanlagen und frisch bezogene Betten. Kleo und ich bekommen Einzelzellen. Der Rest kommt in eine Gruppenzelle. Ich bin überzeugt, wir haben es besser als ihrerzeit die RAF.

Wir stellen unser Handgepäck hinein und machen uns auf den Weg zum Essensraum. Dafür muss man einmal durch das gesamte Camp marschieren, aber es lohnt sich: In einem großen Saal gibt es Pizza, Salat, Obst, Brot, Käse, Wurst und diverse Getränke. Alles deutlich über Jugendherbergsniveau.

Wir essen alle zusammen. Ein Kontakt zu den Soldaten hat sich noch nicht ergeben. Mein Kameramann scheint entweder schwerhörig oder unhöflich zu sein. Obwohl ich ihn mehrmals laut und deutlich mit *Carsten* anspreche, scheint er nicht zu reagieren. Viel später erfahre ich, dass er *Marc* heißt.

Nach dem Essen rauchen wir ein paar Zigaretten und gehen dann dahin, wohin auch alle anderen gehen. In die Kneipe im Camp, *Area 51*. Kein Witz! Die heißt wirklich so.

Doch anstatt Außerirdischer gibt es hier nur deutsche Soldaten. Die *Area 51* sieht aus wie ein Vereinsheim in Tarnfarben. Lounge-Sessel und Sofas, ein Kicker, ein langer Tresen, ein DJ-Pult, eine Fernsehecke und überall Bilder mit Rangabzeichen. Es ist klimatisiert, und ein Bier kostet zwischen siebzig und neunzig Cent. Die Regel lautet: jeder Soldat darf nicht mehr als zwei kleine Dosen Bier pro Tag trinken.

Es könnte sich hier auch um ein Fest im Vereinshaus einer Kleingartenkolonie handeln. Nichts weist darauf hin, dass man sich fernab der Heimat befindet. Hier erinnert nichts an Krieg. Ein Ort der absoluten Ablenkung. Ich kaufe mir eine Schachtel Zigaretten zu eins zwanzig, gehe nach draußen und zünde mir eine an.

Ich merke, dass mich einige Soldaten erkennen. Aber

sie sind sehr höflich und kommen nicht einfach an meinen Tisch gestürmt, sondern machen das sehr gesittet und freundlich. Alle freuen sich darüber, dass wir diese Tour hier machen, und sagen das auch ganz deutlich. Schnell haben wir eine Gruppe von Soldaten um uns versammelt und unterhalten uns. Mit am Tisch stehen zwei Stabsärzte. Einer hat den Rang eines Hauptmanns, einer den eines Majors. Das weiß ich, weil sie es gesagt haben. Der eine ist Zahnarzt und fliegt das erste Mal nach Afghanistan. Der andere operiert Verwundete. Da horchen wir auf. Ach ja, es gibt ja auch Verwundete. Wir befinden uns schließlich in einem Kriegsgebiet.

Kennen Sie dieses Gefühl von schwebender Unwirklichkeit zwischen Aufwachen und Augenaufschlagen? Man wacht auf und hat das Gefühl, dass man irgendwo in Usbekistan in einem klimatisierten Container in einem Militärcamp auf einem Flughafen aufgewacht ist und nach dem Frühstück nach Afghanistan fliegen wird?

Dann lacht man kurz, denkt sich: Was bist du für ein Schwachkopf! Und dann schlägt man die Augen auf, um zu sehen, dass man irgendwo in Usbekistan in einem klimatisierten Container in einem Militärcamp auf einem Flughafen aufgewacht ist und nach dem Frühstück nach Afghanistan fliegen wird!

Na dann mal los. Ich mache mich auf zum Körperpflegecontainer. Auf dem Weg dorthin werfe ich einen Blick auf meine Klamotten von gestern, die gleichzeitig auch die einzigen zur Verfügung stehenden Klamotten für heute sind. In diesem

Moment beschließt man, dass Sprühen das neue Duschen ist, putzt sich nur die Zähne und deodorisiert den Rest.

Aprilfrischgesprüht mache ich mich auf den Weg zum Frühstückssaal.

Es ist morgens schon recht warm. Ich schwitze meine Klamotten bereits auf dem Weg zum Frühstückssaal ein. Dort ist direkt am Eingang eine ganze Reihe mit Waschbecken aufgestellt. Das ist mir gestern schon aufgefallen. Hygiene wird hier ganz großgeschrieben.

Mein Frühstück besteht aus frischem Rührei, frischen Brötchen und frischem Obst. Damit rangiert die Bundeswehr, was das Frühstück angeht, schon über der Hälfte aller Hotelketten.

An einem Tisch sitzt mein Realisator Tankred und unterhält sich mit einem Oberstleutnant. Der Oberstleutnant gehört zu den Pionieren. Er will alles über unsere Reise und meine Auftritte wissen und fragt uns dann, was die Menschen in unserem Umfeld über unsere Reise so gesagt haben.

Ich erzähle ihm, dass ich vor meiner Abreise nach Afghanistan deutlich gespürt habe, dass man von Leuten anders als sonst verabschiedet worden ist. Mein Steuerberater zum Beispiel hat mich beim letzten Treffen in den Arm genommen und mich fest gedrückt. Die Leute haben einen behandelt, als ob man schon tot wäre. Das ist hier wohl das erste Vorurteil, das man abbauen kann. Man wird nicht sofort erschossen, sobald man afghanischen Boden betritt. Es ist ein Kriegsgebiet, von daher nicht ungefährlich, aber man steht hier auch nicht unter ständigem Beschuss.

Der Oberstleutnant weist uns noch darauf hin, dass gleich als Nächstes der Flug mit der Transall von Termez nach Mazar-e Sharif ansteht, von da aus würde es dann mit Fahrzeugen in das erste Camp nach Kabul weitergehen. Er sagt, das Phantasialand sei ein feuchter Schiss gegen so einen Flug mit einer Transall.

Wir verabschieden uns von ihm und rauchen vor dem Gebäude die ersten drei Zigaretten des Tages. Tankred, der in Köln lebt, schaut mich an und sagt *Et hätt noch immer jot jejange!*

Ich lächle und erinnere ihn nicht an das Kölner Stadtarchiv und den U-Bahn-Bau.

Wir stehen mit gepackten Taschen zwischen dem Körperpflege- und dem Schlafcontainer neben einem Oberstleutnant. Er hat einen Militärrucksack und ich eine braune Ledertasche. In meiner Ledertasche sind alle meine wichtigen Dokumente. Zum Beispiel mein Programm und der Drehplan für die nächsten Tage. Der Herr Oberstleutnant ist der Kommandeur eines Nachschubbataillons in Mazar-e Sharif. Da fliegt er immer mal wieder hin, um nach *seinen Jungs* zu schauen, wie er sagt. Ist quasi so eine Art Dienstreise, sagt er, die er ein- bis zweimal im Monat macht. Der Herr Oberstleutnant würde rauchtechnisch gut in unsere Gruppe passen. Er raucht auch lieber zwei oder drei Zigaretten nacheinander. *Wer weiß, wann es die nächste gibt.*

Mein Realisator und der langhaarige Fotograf kommen dazu. Ich schaue mich um. Ansonsten stehen nur Soldaten auf dem Marktplatz.

Feldwebel Thea ruft die Gruppe Schwarz zum Einchecken in die Transall. Ich gebe den anderen ein Zeichen, dass wir diesmal so tun, als ob wir zu Schwarz gehören. Ich habe gesehen, was der Herr Oberstleutnant alles in den Taschen hat, und keine Lust, am Check-in zu warten, bis er das alles ausgepackt hat.

Wir werden über das Rollfeld gefahren. Der Check-in-Posten für die Transall besteht aus zwei großen Kisten. Aus der einen bekommt man einen Stahlhelm gereicht, aus der anderen eine bombensichere Splitterschutzweste. Der Kamerad an der Helmausgabe grinst mich an. *Na, Krömer! Jetzt geht's los, was?*

Ja, denke ich, jetzt geht's los, Krömer. Wenn man der Meinung ist, dass der Auftritt einer hundertköpfigen Blaskapelle, die auf einem Sechzehn-Tonner transportiert wird, laut ist, dann ist eine Transall *sehr* laut. Selbst wenn sie noch steht. Weil der Helm nur unangenehm und schwer ist, aber nicht bis über die Ohren geht, werden noch Ohrenstöpsel verteilt. Dann ziehen wir unsere Westen an. Sie wiegt 18 Kilogramm und trägt sich so bequem wie ein in Blei gegossener Dackel, der einem um den Oberkörper geschnallt wird. Interessant ist, dass nur wir Zivilisten die Weste im Flieger tragen sollen. Die Soldaten hingegen tragen ihre Westen nur über dem Arm. Fallschirme bekommen wir nicht. Was bringen dann die Westen? Im Ernst: Wenn wir in der Luft abgeschossen werden, dann schützt mich die Weste ja wohl nicht vor dem Aufprall auf den Boden aus dreitausend Meter Höhe. Der Helm schon eher, der wirkt stabil. Und die Lederbändchen, die ihn unterm Kinn fixieren, saugen den Schweiß ganz gut auf. Ich müsste also im Fall der Fälle darauf achten, dass ich möglichst auf dem Kopf lande. Oder auf der Tasche. Aber eigentlich will ich gar nicht abgeschossen werden. Die anderen auch nicht. Der Kameramann *Carsten* macht seine Weste nicht einmal zu. Die Klettverschlüsse baumeln an ihm herunter. Er war schon zweimal in Afghanistan und hat dort für die ARD gedreht, ein alter Hase. Ich würde auch gerne lässig die Weste öffnen, aber ich weiß nicht, wie das geht. Und außerdem fürchte ich mich ein wenig davor.

Ein Soldat hält eine kurze Rede. Ich verstehe aber nichts, weil ich schon die Ohrenstöpsel in den Ohren habe. Wir steigen ein. Beim Einsteigen stolpere ich über die Ketten, an denen das Gepäck festgezurrt ist.

Pass auf, sagt mein Manager, *das hat er doch eben gesagt!*

Ich werde auf eine Stoffsitzbank an der Flugzeugwand gedrückt und setze mich. Es ist unglaublich laut. Es riecht nach Öl, Kerosin und Schweiß. Ich glaube, hauptsächlich nach meinem Schweiß. Ich kann mich nicht bewegen. Mein Helm rutscht, und unter der Weste juckt es unglaublich. Was mache ich hier?

Im Gegensatz zu früher weiß ich heute: Eine Transall ist ein Flugzeug und kein Raumschiff. Es ist ein Bundeswehrflugzeug, mit dem Waffen und Menschen transportiert werden.

Mit meinem Helm, der von oben drückt, und der Weste, die von unten hochrutscht, fühle ich mich wie jemand, dem man ein zu enges Aquarium über den Kopf gestülpt hat und der dabei Flüssignahrung eingeflößt bekommt, der dadurch aufquillt und immer dicker wird und der nicht einmal mehr lachen kann, weil es zu wenig Platz für das fette Gesicht gibt.

In einer Transall gibt es weder Tomatensaft noch *süß oder salzig.* Die Stewardess ist ein Soldat, der hier Lademeister heißt und einen Scheiß darauf gibt, ob man angeschnallt ist oder nicht. Ich bin angeschnallt. Aber das ist nicht das Verdienst der Bundeswehr, sondern schlicht und einfach Glück.

Mir gegenüber sitzt mein Team. Sie sehen aus wie gesprengte Mainzelmännchen. Ich will mich nicht sehen, aber es ist schon zu spät. Christian, der Fotograf, hat mich im Visier. Und bevor ich protestieren kann, blitzt es auch schon.

Ich muss daran denken, ihm in der Nacht die Speicherkarte zu klauen und sie zu vernichten. So soll mich keiner sehen, so lange ich lebe.

Doch wenn es so weitergeht, dann wird diese Zeitspanne nicht mehr allzu groß sein.

Ich versuche meine Beine auszustrecken. Das geht nicht, weil direkt vor mir das Gepäck der Soldaten verzurrt ist. Es sind nur noch wenige Minuten bis zur Landung in Mazar-e Sharif, der aus Funk und Fernsehen bekannten Ortschaft. Wenn über Mazar-e Sharif berichtet wird, sieht man allerdings keine Strandbilder und dicken Urlauber, die sich darüber beklagen, dass Kakerlaken auf den Zimmern sind und der Spießbraten nicht wie in Deutschland schmeckt. In diesem Fall sieht man in den Beiträgen immer nur Soldaten, Panzer und Zelte.

Die Maschine setzt zur Landung an. Im Steilflug geht es nach unten. Mir wird schlecht. Der Lademeister grinst mich an. Er sagt etwas. Ich glaube *Na, Krömer! Alles gut?* Durch die Ohrenstöpsel hört es sich aber an wie *Na, Oma! Biste tot?*

Peter Kümmel

Der Innenraum des Propellerflugzeugs hat etwas von einer verdunkelten, grün verhängten Höhle, fast könnte man ihn für eine Theatergarderobe halten. Zumindest nun, wenn man neben Krömer sitzt, denn Krömer hat eindeutig etwas Theaterhaftes an sich. Er trägt einen Tro-

Die »gesprengten Mainzelmännchen«

penanzug und darüber eine schusssichere Weste; auf
dem Kopf hat er einen Schutzhelm; er trägt gleich zwei
Kostüme übereinander, sein privates, in dem er diese Af-
ghanistan-Reise unternimmt, und darüber das Kostüm
des Krieges. Und er ist umgeben von Menschen in Kos-
tümen. Sehen wir uns um: Überall Männer mit Kampfanzug, Schutzweste und Sonnenbrille, kurz geschorenen
Köpfen, hochgeschnürten Stiefeln, Gewehren zwischen
den Knien – Verkleidete, die hier ganz andere Rollen spielen als zu Hause.

Links neben mir sitzt ein älterer, erschöpfter Ingenieur
aus Massachusetts, der für die Stromversorgung in den
amerikanischen Einrichtungen zuständig ist. »Summer is
fighting time«, sagt er mir. »Die Frühjahrsoffensive ist

ausgefallen, die Taliban waren mit der Mohnernte beschäftigt. Aber der Sommer wird fürchterlich werden.«

Plötzlich fliegt die Transall durch eine Wolke voller flim-
mernder Sonnenreflexe, es ist eine Art Feuerwerk hoch
über dem Hindukusch. Wir wurden vor dem Start darauf
vorbereitet: Das sind sogenannte Flares, Täuschkörper
aus Magnesium und Staniol, die von unserer Maschine
stammen. Sie sind dazu da, feindliche Lenkraketen abzulenken.

Nach etwa einer Stunde setzen wir zum Sinkflug an,
was sich durch jähe Stille ankündigt: Die Propeller erster-
ben, das Flugzeug kippt pfeifend in die Tiefe. Warum?
Der Steilflug bietet die geringste Angriffsfläche, und er
kühlt die Rotoren, sodass Thermogeschütze kein Ziel finden. Es ist ein Höllensturz. Die Landung allerdings ist die
weichste, die man sich vorstellen kann.

Zehn Uhr morgens. Ortszeit. Mazar-e Sharif. Das Rührei
sitzt. Noch.

Ich denke darüber nach, wie jemand mit einer Flugab-
wehrrakete auf die Transall zielt und abdrückt.

Warum mir solche Visionen immer wieder im Kopf um-
herschwirren, weiß ich nicht. Vielleicht ist es die überschäu-
mende Fantasie eines Künstlers. Im Ausmalen von Horror-
szenarien bin ich ganz gut. Bei ganz normalen Inlandsflügen
zum Beispiel stelle ich mir manchmal vor, wie die Maschine
in der Mitte auseinanderbricht, wie ich dann durch den Sog
nach draußen katapultiert werde und ins Meer falle, in dem
ich dann ertrinke. Ich weiß, dass solche Visionen nur bedingt
hilfreich sind, aber ich kann es nicht abstellen.

Ich schaue mich um. Die Soldaten an Bord sind guter
Dinge. Sie reden und lachen. Wir setzen so sanft auf, wie

Wladimir Klitschko einen Gegner zu Boden schlägt. Die erste Etappe des Tages ist geschafft. Wir sind in Mazar-e Sharif gelandet. Und wir leben noch. Ab hier wird uns ein Presseteam der Bundeswehr begleiten, und wir dürfen auch endlich die Kameras rausholen und drehen. Ich steige aus dem Flieger. Die Luft schmeckt salzig. Das liegt aber in erster Linie daran, dass mir der Schweiß von der Stirn direkt in den Mund läuft. Ich verschließe ihn mit einer Zigarette und folge den anderen.

Eine Soldatin stellt sich vor. Es ist Oberleutnant Kerstin. Sie kümmert sich um die Presse vor Ort. Für Peter Kümmel ist sie Gold wert. Sie befreit ihn von seiner fellbesetzten Winterjacke und verspricht ihm, dass er sich diese am Tag der Abreise wieder bei ihr abholen kann. Kerstin gibt uns zu trinken und weist uns eine Raucherecke zu. Da dürfen wir aber noch nicht hin. Erst müssen wir unser Gepäck von einer Palette holen, es identifizieren und auf die Palette daneben stellen. Dann sammelt Oberleutnant Kerstin unsere Pässe ein und geht damit weg. Jetzt können wir rauchen. Es ist unheimlich warm in Mazar-e Sharif. Wir rauchen eigentlich schon mehr aus unseren Hemden als aus dem Hals.

Überall um uns herum geschieht das Gleiche. Soldaten steigen aus Flugzeugen, laden ihr Gepäck um oder aus und wuseln durcheinander. Andere Soldaten wiederum bewachen das Ganze. Es sind jetzt nicht mehr ausschließlich deutsche Soldaten, die wir hier sehen, sondern ein Mix aus verschiedenen Nationen. Die Uniformen sehen alle ähnlich aus, unterscheiden sich lediglich durch die Muster. Wie bei den Zebras. Im Moment sehen für mich die Gesichter aller Uniformierten auch noch aus wie bei den Zebras.

Es ist laut. Ständig starten und landen Maschinen. Zwei

Soldaten kommen auf uns zu. Beide sehen aus wie gemalt. Einer ist etwa Mitte dreißig, dicke Sonnenbrille, dicke Arme, breiter Gang und kein Muskel in seinem Gesicht, der sich rührt. Er trägt Pistole und Gewehr bei sich. Der andere sieht in seiner Kampfuniform aus wie frisch aus dem Ei gepellt. Er ist Fregattenkapitän und der für uns zuständige Presseoffizier. Für die Zeit unserer Reise ist er unser Kindermädchen. Aber warum Fregattenkapitän? Was sucht ein Kapitän in der Wüste? Vielleicht ist er hier in Afghanistan, weil sein Schiff versenkt worden ist? Im Gegensatz zu ihm finde ich diese Frage auch nicht blöd. Aber er erklärt es mir. Er kommt von der Marine. Da hat man andere Titel.

───────

Jetzt sind wir also in Mazar-e Sharif. Wir fragen Fregattenkapitän Roland, ob wir hier auf dem Flughafen drehen dürfen. Das sei prinzipiell in Ordnung. Wir hätten, so lange er dabei sei, eine grundsätzliche Drehgenehmigung für die deutschen ISAF-Kräfte. Aber auch er müsse vor Ort immer noch alle anwesenden Soldaten fragen, ob sie mit dem Dreh einverstanden sind.

Denn jeder deutsche Soldat hat, so erklärt uns der Fregattenkapitän, wie jeder andere Bürger der Bundesrepublik Deutschland ein Recht am eigenen Bild. Deshalb müssen wir jeden fragen, der auch nur zufällig durchs Bild läuft oder laufen wird, ob er einverstanden ist.

Das Kamerateam ist parat. Wir könnten loslegen, aber Fregattenkapitän Roland muss noch mal los. Er sagt nicht wohin, aber da, wo er hingehen wird, wird er sicherlich viel fragen.

Oberleutnant Kerstin hat jetzt die Winterjacke von Peter Kümmel weggebracht und erklärt uns ein bisschen etwas über das Camp Marmal in Mazar-e Sharif, in dem wir uns gerade aufhalten.

Ich will lieber drehen. Der zweite Soldat, der auf uns aufpasst, ist übrigens Hauptfeldwebel Klaus. Er passt ebenfalls gut zu uns. Er raucht auch lieber immer gleich drei Zigaretten hintereinander.

Dann kommt Fregattenkapitän Roland mit einer Nachricht zurück: Wir müssen den Lademeister fragen, wenn wir in der Transall drehen wollen.

Auch im Cockpit?, frage ich ihn.

Nein, da müsst ihr die Piloten fragen.

Und im Bus auf dem Rollfeld?, frage ich erneut.

Vielleicht. Da müssten wir den Busfahrer fragen.

Dann bringt uns unser zweites Kindermädchen, Klaus, auch schon zu ihm, dem Busfahrer. Es bleibt keine Zeit, etwas zu fragen. Wir werden in den Bus geschoben, und der fährt los. Hoffentlich sind alle da. Ich schaue mich um. Wo ist Peter? Ohne seine Felljacke erkenne ich ihn kaum. Dahinten ist er. Ich bin beruhigt. Der Schäfer hat seine Herde zusammen und fliegt sie aufs Schlachtfeld. Die letzte Luftetappe bis Kabul kann beginnen. Die momentane Temperatur liegt um die fünfundvierzig Grad im Schatten. Luftfeuchtigkeit draußen dreiundzwanzig Prozent. Unter Weste und Hemd hundert Prozent.

———

Die Einstiegsprozedur in die Transall nach Kabul ist wieder die gleiche. Der Lademeister ist freundlich. Natürlich dürfen wir filmen. Doch leider hat mein Team ein paar wichtige Sachen auf eine falsche Palette gepackt, und wir können nur ein paar Schnittbilder ohne Ton drehen, die mich beim Aus- und Einsteigen des Fliegers zeigen. Das machen wir ein paar Mal, dann hat keiner mehr Lust dazu. Wozu auch? Wir wissen alle, dass wir von diesen Bildern, wenn überhaupt, nur wenige Sekunden verwenden werden. Und die haben wir längst im Kasten. Carsten, der eigentlich Marc heißt, darf dann zusammen mit einem amerikanischen General, der wohl lieber mit der Bundeswehr fliegt als mit seinen eigenen Leuten, noch mal zurück in den Terminal gehen und das verlegte Equipment holen. Man schwört uns, es würde mit der nächsten Maschine nachkommen. Ich muss rein ins Flugzeug und mich hinsetzen. Diesmal werde ich im hinteren Teil platziert, und man hilft mir sogar beim Anschnallen. Zwei Plätze weiter sitzt Tankred, zwischen uns ein Soldat. Er hat drei Punkte auf der Schulter. Was das bedeutet, weiß ich nicht, und um zu fragen, ist es zu laut. Na, besser drei Punkte auf der Schulter als am Arm, denke ich mir, er ist bewaffnet. Ich nicke ihm freundlich zu, und er nickt bärbeißig zurück.

Carsten und der General tauchen wieder auf. Der General hat Carstens verbummelte Sachen gefunden. Ins Cockpit dürfen wir übrigens nicht. Da hätten wir früher fragen müssen, denn da sitzen schon welche, sagt man mir. Auch beruhigend, dass da welche sitzen, denke ich.

Ankunft Kabul

Wir sehen aus wie frisch evakuiert, aber wir sind gerade erst in Afghanistan angekommen. Ich sehe aus wie eine Mischung aus einem verkaterten Ernest Hemingway mit Brille

Beim Dreh für meine Sendung

und einem verruchten Professor Grzimek. Ich trage einen Tropenleinenanzug. Dazu einen grünen Stahlhelm von der Bundeswehr. Unter der Splitterschutzweste habe ich mir eine zweite Weste auf mein hellblaues Hemd geschwitzt. Aber ich bin zufrieden. Wir sind tatsächlich da. Wir haben es getan. Wir sind nach Afghanistan geflogen.

Wir befinden uns nun auf dem Kabul International Airport (KAIA).

Es sind fünfundvierzig Grad im Schatten. Mit Helm und Splitterschutzweste sind es fünfundneunzig Grad. Ich sehe mich um. Wie messen die *im* Schatten? Hier gibt es nirgends Schatten.

Hinter uns landen Hubschrauber und Flugzeuge. Vor uns steht Hauptfeldwebel Kevin. Um seinen Hals hängt ein Maschinengewehr. An seinem Gürtel eine Pistole. Um ihn herum steht noch ein halbes Dutzend Soldaten, hinter und neben uns auch. Eigentlich sind hier nur noch Soldaten, bis auf uns.

Es blitzt zweimal kurz nacheinander. Dann steigt Rauch auf. Nichts Schlimmes. Ich habe mir eine Zigarette angezündet, nach dieser Reise hat man sie sich auch verdient. Der Hauptfeldwebel gibt Feuer frei, und wir rauchen alle.

Die Raucherpause ist zu Ende. Wir werden auf Fahrzeuge verteilt. Zuvor werden uns für den eventuellen Ernstfall Codewörter genannt. Für den Fall, dass wir angegriffen werden sollten, bekommt man mit diesen Codewörtern jederzeit sofortigen Zutritt in die Camps. Die Codewörter lauten KITE und INCAPABLE. Sollte man beide vergessen haben, sagt man WORLD. Dann wird man, wenn es gut läuft, zumindest nicht sofort erschossen. Wenn man mit KITE angerufen wird, soll man mit INCAPABLE antworten. Dann weiß man, dass es ein Freund ist. Der Feind kennt die Codewörter nämlich nicht.

Die Fahrzeuge, in die wir steigen, haben alle Namen. Eins heißt Eagle, eins heißt Dingo und eins heißt Zweitonner. Man erklärt uns, dass der Zweitonner im Falle eines Angriffs die Schwachstelle des Konvois sei, weil er nicht gepanzert ist. Deswegen wird auf ihm auch nur unser Gepäck transportiert. Zuerst steigt die Besatzung in den Dingo, dann ich in den Eagle. Ich werde an einen Platz gesetzt, der aussieht wie der Chefsessel in einer Gamers Lounge. Ein riesengroßer Bildschirm ist direkt vor meinem Gesicht, und neben meinem rechten Arm befindet sich ein Joystick. Wir fahren an. Ich betrachte die Anlage vor mir. Zum Spielen wird das unmöglich eingebaut worden sein. Das hier ist für echten Krieg. Wenn ich mir sehr viel Mühe gebe, kann ich mich so bewegen, dass ich durch die Vorderscheibe ein kleines bisschen von der Straße sehe. Falls etwas passieren sollte, hätten wir hier Nebelwerfer an Bord, um uns zu verschleiern und dann abzuhauen, während die anderen kämpfen. Die Frage, ob ich so eine Nebelkartusche haben könne, um sie mal an meinem Nachbarn auszuprobieren, wird klar verneint.

Hauptfeldwebel Kevin erzählt uns, dass der KAIA eigentlich ziemlich sicher sei, weil er nicht nur militärisch, sondern auch von den afghanischen Drogenbaronen benutzt wird, um ihr Heroin zu *exportieren*. Und da diese kein Interesse daran haben, dass ihre Lieferungen hier rumliegen, haben die Taliban zwei Feinde, was den Flughafen angeht. Genauso verhalte es sich mit der Straße, auf der wir gerade unterwegs sind. Der Highway Seven führt mitten durch Kabul und wird *Highway To Hell* genannt. Dieser Weg ist der Hauptweg, auf dem Heroin transportiert wird. Außerdem, erklärt Kevin, sei momentan gerade Mohnernte, und es werde jeder Mann gebraucht. Deswegen fänden die Taliban nicht viele Freiwillige oder Söldner, die nachts auf die ISAF-Lager schießen

würden. Die seien alle zu müde von der Ernte. Hauptfeldwebel Kevin berichtet mir das in einem Tonfall, als würde er
gerade erzählen, dass es an der Tanke keine Erdnüsse mehr
gäbe und er mir deswegen Cashews mitgebracht hätte. Er
erzählt auch noch, dass der gesamte Highwaybereich so-
wohl von einem Zeppelin als auch von Drohnen aus der Luft
überwacht würde. Man sähe also, wenn jemand versuchen
würde, eine Bombe einzugraben, und könnte sie dement-
sprechend entfernen. Außerdem werde jedes Mal, wenn ein
Konvoi starte, parallel dazu eine Hubschrauberbesatzung in
Alarmbereitschaft versetzt, um notfalls zu evakuieren.

Kevin ist schon seit drei Monaten hier. Und auch schon
zum zweiten Mal. Er kennt sich hier ganz gut aus. Ich lasse
mich in meinen Sitz zurückfallen und kann aus dem Augen-
winkel ein bisschen von Kabul sehen. Die Straße ist ganz
schön belebt. Alles erinnert irgendwie an ein Gewerbegebiet,
in das Baracken, aber auch Einfamilienhäuser und Miets-
kasernen gleichzeitig gebaut worden sind. Die Frauen tragen zu einem großen Teil die hellblaue Burka, den afghanischen Ganzkörperschleier. Bewaffnete sehe ich nicht. Nur
ein unglaubliches Chaos auf der Straße. Aber irgendwie geht
es immer weiter. Ich nicke kurz ein.

Dann scheppert es. Ich werde unsanft geweckt, indem
mein Kopf nach vorne gegen etwas Hartes knallt.

Wir sind in Kabul im ersten Camp angekommen, dem sogenannten *Headquarter.* Ich soll aussteigen.

Peter Kümmel

Wir treten aus dem militärischen Teil des Flughafens Kabul. Draußen steht ein Ölfass, das mit Steinen und Mu-
nition gefüllt ist, darüber hängt ein Schild: »Reload your
weapons here«. Vor dem Gebäude wartet ein riesiger
gepanzerter Tresor, der von einem Sattelschlepper gezogen wird; aus dem Dach des Sattelschleppers ragt ein
Geschützturm. In den Tresor werden wir gleich hinauf-
steigen. Das Ding, 36 Tonnen schwer, heißt Muconpers,
hat Platz für 18 Personen und ist das sicherste Fahrzeug,
das es im Straßenverkehr von Kabul gibt – aber für Angreifer ist es eine einzige Provokation. Gleich steigen wir
also da hinein, doch noch stehen wir in der Sonne, blicken auf die kahlen, von Lehmhütten überzogenen Berge
Kabuls und hören, was der verantwortliche Soldat sagt:
Die Sicherheitslage ist angespannt, gestern zwei Vorfälle
wenige Kilometer entfernt, mehrere Tote. Also: Vorsicht!
Morphiumspritzen habe man für alle Fälle dabei. (…) Krömer steigt in den rollenden Tresor hinauf, es folgen ihm:
sein Manager, sein Co-Autor, ein Kamerateam, das ihn
auf dieser Reise begleitet – und ich, der Mann von der
Presse. Krömers Gesicht ist keine komische Regung anzu-
sehen, auch keine Furcht, eher schon gesammelter Ernst:
Dies ist alles Teil der Anfahrt, Krömer hat Auftritte vor
sich. Man könnte von einer Afghanistan-Tournee reden:
Drei Shows wird er hier absolvieren, eine im Headquarter der NATO-Aufbaumission ISAF mitten in Kabul, die
zweite im Camp Warehouse am südöstlichen Rand Kabuls und die dritte im Camp Marmal in der nördlichen
Wüstenstadt Mazar-e Sharif.

Der Sattelzug ruckt an, und durch ein winziges Fenster

sieht man die Stadt vorbeiziehen. Man sieht große Ansammlungen von Baumaschinen, Bulldozern, Hebekränen, Kabul scheint für einen Bauboom gerüstet zu sein. An den Straßenrändern lagern herrenlos verwitternde Container, kleine Märkte tun sich zwischen zerstörten Wohnblocks auf, man sieht Hütten, die mit Folien gegen den fäkaliengesättigten Sandwind geschützt sind, dann aber auch mehrstöckige, intakte Gebäude, von Schriftzügen gekrönt. Die Werbung hat Kabul längst wieder in Besitz genommen, und ein Laster von Coca-Cola Kabul überholt uns zügig. Acht Soldaten umfasst unser Zug. Zwei Dingos begleiten uns, gepanzerte, mit Geschützen bewehrte Fahrzeuge der Bundeswehr. Eins bleibt immer hinter uns, das zweite fährt neben uns oder überholt nervös, als wolle es uns den Weg bahnen. Dann eine Vollbremsung – etwa eine Straßensperre? Nein, wir stehen im Stau, draußen sind es 40 Grad, hier drin kühle 19 Grad.

Der Muconpers ist ein Produkt der Firma KMW (Krauss Maffei Wegmann), eine millionenteure Box für hohen Besuch. Nun transportiert sie Krömer, den Mann, der einst in Berlin untertauchte, um dem Wehrdienst zu entgehen, als Stargast der Truppe. Deutschland leistet sich wieder Kampfeinsätze, und dazu gehört offenbar auch eine ordentliche Truppenunterhaltung.

Ein Soldat sitzt mit uns im Muconpers, ein gemütsruhiger bärtiger Saarländer. Er sagt uns, dass man hier drin sehr sicher sei. Zumindest bei Sprengsätzen bis zu 300 Kilo. Sehr sicher, fragen wir? Was heißt das? Na, bei allem, was über 300 Kilogramm gehe, sagt der Soldat, müsse man sich sowieso keine Sorgen mehr machen, einer solchen Ladung halte auch kein Panzer Stand. Nun erfahren wir, dass die Aufständischen immer häufiger Sprengladungen von bis zu 500 Kilo einsetzen, und den Rest der Fahrt verbringen wir schweigend.

Das Headquarter befindet sich an einer Allee, an der einige Menschen gerade spazieren gehen. Einer trägt ein weißes Gewand und darüber einen Sakko. Daneben geht ein Herr im Anzug. Ein paar Frauen schieben Kinderwagen vor sich her, und direkt vor uns versammeln sich nun ein paar Kinder und halten die Hände auf. Sie betteln. Geben dürfen wir ihnen nichts, wir dürfen sie nicht zu nah an uns ranlassen. Das ist nicht erlaubt, wird uns gesagt, weil die Sicht der Wachen im Headquarter auf uns nie durch Menschen verdeckt sein darf. Im Bereich des Kasernentors, sagt Kevin, darf niemand stehen bleiben. Es könnten Terroristen sein, die gleich eine Bombe zünden werden oder Ähnliches.

Auch Kinder nicht?, frage ich ihn.

Gerade Kinder nicht, ist seine Antwort.

Die Kinder gehen, und Kevin zeigt auf das Gebäude.

Das ist das Headquarter, sagt er.

Ich sehe auf eine weiße Mauer. Vor der Mauer stehen Bäume. Ein paar Stellen an der Mauer sind dunkel. Er zeigt auf die Stellen und fängt an zu erzählen:

Das, was hier schwarz ist, kommt von Selbstmordattentätern, letzten Monat. Die standen genau hier davor, haben sich auf ihre Fahrräder gesetzt, vom Leben verabschiedet und sind dann vollbepackt mit Sprengstoff gegen die Mauer gefahren.

Die Mauer ist aus Stahl und Beton. Mehrere Schichten. Da geht nichts durch.

Hauptfeldwebel Kevin beschreibt diesen Vorgang ziemlich herzlos und ohne jegliche Emotion. Aber vielleicht muss man das so machen, um nicht bekloppt zu werden und um nicht immerzu daran denken zu müssen, dass das hier Realität ist und dass sich hier zu jeder Zeit und an jedem Ort ein Mensch mit Sprengstoff in die Luft jagen kann. Wenn man davon zu Hause in den Nachrichten hört, dann ist das weit weg. Jetzt stehe ich fünf Meter vor so einem Fleck, wo ein Mensch sich an einer Mauer vor Kurzem selbst in die Luft gesprengt hat.

In diesem Moment gehen mir die Worte des Hauptfeldwebels zwar ins Ohr, werden vom Gehirn aber nicht verarbeitet. Wie eine Postkarte, die man abschickt, die aber nie ankommt. Hier ist eine Grenze der normalen Wahrnehmung für mich erreicht. Dass solche Dinge wirklich passieren und nicht einfach nur Bilder sind, die man in der *Tagesschau* oder anderswo zu sehen bekommt – das geht für mich in diesem Moment nicht zusammen.

Wir müssen jetzt hier weg. *Der Weg muss frei gemacht werden,* sagt Kevin. Und übergibt uns an die Pressesoldaten, die schon darauf warten, uns in Empfang zu nehmen.

Der Hauptfeldwebel Kevin und ich geben uns die Hand. Dann sehe ich ihn seine Leute sammeln, in sein Panzerfahrzeug steigen und abfahren. Erst als sie losgefahren sind, bemerke ich, dass ich meine Aktentasche im Auto habe liegen lassen. Verdammt, denke ich. In der Tasche sind meine sämtlichen Skripte, die ich für die Auftritte und die Dreharbeiten brauche. Ich will schnell hinterherlaufen, darf aber nicht. Wir müssen sofort durch die Schleuse in die Kaserne hinein. Man wird versuchen, den Hauptfeldwebel zu verständigen, um ihm zu sagen, dass er auf seinem nächsten Transport die Tasche mitbringen soll. Ich gehe derweil durch eine Drehtür aus Eisen. Das ist wie im Schwimmbad, nur ohne Schwimmbecken und ohne Eintritt. Und anstelle eines

Bademeisters werden wir von einer Einheit mazedonischer Soldaten zusammengestaucht, weil wir unser Gepäck nicht schnell genug weglegen. Wir müssen alles an den Rand einer Mauer packen, und dann kommen zwei Soldaten mit einem Sprengstoffhund und überprüfen unser Gepäck.

Der Sprengstoffhund sieht irgendwie aus wie der Kragen von Peters Jacke, die er in Mazar-e Sharif zurückgelassen hat, denke ich, und diese Jacke schnüffelt jetzt an unseren Taschen.

Wir dürfen unsere Sachen wieder aufnehmen und uns in Marsch setzen. Der Eingangsbereich ist angelegt wie ein Irrgarten, überall sind eiserne Drehtüren und Mauern und Stacheldraht.

Ich erwähne noch einmal, dass ich meine wichtigste Tasche eben vergessen habe, aber es scheint keinen außer mich sonderlich zu interessieren. Mir scheint, wir laufen im Kreis.

Fregattenkapitän Roland erzählt uns, dass die Wege durch den Eingangsbereich nach jeder Wachschicht aus Sicherheitsgründen geändert werden.

Nach einer Weile haben wir es dann geschafft. Wir werden ein letztes Mal von den Wachen gemustert und betreten dann das Headquarter. Eigentlich ist das Headquarter ein Containerdorf, das um ein paar frei stehende Häuser herumgebaut worden ist. Die meisten sind ockerfarben oder weiß. Es sieht nicht sehr anders aus als in Termez. Zelte wie oft im Fernsehen sehe ich keine. Man hört das leise Rattern von Klimaanlagen. Eine Horde Soldaten marschiert an uns vorbei. Es sind Amerikaner. Sie haben das *Star-Spangled-Banner* auf der Schulter und sehen grimmig aus. Direkt vor uns stehen ein paar andere Soldaten. Sie tragen die deutsche Flagge auf der Schulter und winken uns freudig zu. Es ist eine Delegation unserer Gastgeber für heute, drei Männer und eine

Frau. Wir werden auf eine sonnenbeschirmte Dachterrasse geführt und bekommen direkt kalte Getränke in die Hand gedrückt. Ich lasse mich auf einen Stuhl fallen und schaue in die Runde. Ein älterer Soldat erscheint. Er mustert uns freundlich und stellt sich als Spieß der Kompanie vor. Ich frage, was das sei, ein Spieß. Er antwortet, das sei so eine Art Mutter. Es gäbe in jeder Kompanie einen Kompaniechef und einen Spieß. Der Chef kümmere sich um die militärischen Dinge und der Spieß um die persönlichen Belange der Soldaten. Dann erklärt *Mutter* uns, was jetzt als Nächstes passieren wird: Wir werden gemeinsam Essen gehen.

Wenige Minuten später sitzen wir in einem einzig für uns zurechtgemachten viereckigen, schmucklosen Speiseraum. Für uns ist eine Tafel in U-Form gedeckt worden. Am Kopfende des Raumes befindet sich ein Büfett mit diversen warmen und kalten Speisen. Wir essen Hähnchen, Fleischklöße, Nudeln und Pommes.

Auf einmal wird die Tür aufgerissen, und Soldaten stürmen in den Raum. Ihre Schritte poltern, und ich höre Tankred neben mir schwer atmen. Ich vernehme eine Stimme, die mir bekannt vorkommt.

Wo ist er?, schallt es in strengem und lautem Militärton durch den Raum.

Meinen die mich? Sind die wegen mir hier?

Ich habe hier seine Tasche!, scheppert es.

In voller Kampfmontur mit Helm, Weste und Gewehr steht Hauptfeldwebel Kevin vor mir.

Krömer! Extra wegen Ihnen habe ich meinen Transport auf halber Strecke gewendet, und wir haben uns auf den Weg zurück zu Ihnen ins Hauptquartier gemacht, um Sie wieder in den Besitz Ihrer Tasche zu bringen.

Ich bin unglaublich froh, aber auch erschrocken, weil ich realisiere, was für Probleme das Umkehren hätte verursachen können. Wenn zum Beispiel das Fahrzeug von Hauptfeldwebel *Taschenmann* in dem Moment, in dem er umdrehte, um dem feinen Herrn Krömer sein Gepäck zurückzubringen, angegriffen worden wäre. Und das nur wegen einer blöden Tasche.

Nach dem Essen werde ich in mein Quartier gebracht. Es ist das sogenannte *Gästehaus,* in dem Generäle und ansonsten nur hoher Staatsbesuch untergebracht werden. Der einzige Luxus dieser Unterbringung besteht allerdings schon wie in Termez darin, dass man alleine schläft.

Noch drei Stunden bis zum ersten Auftritt vor den Soldaten. Ich packe meine Texte für meinen Auftritt zusammen, erschrecke durch mein lautes *Moin, Moin* einen Soldaten im Duschraum (seinen Rang erkenne ich nicht, denn er ist nackt) und gehe noch etwas im Camp spazieren.

Peter Kümmel

Je weiter man hineingeht, desto mehr hat man den Eindruck, nie mehr hinaus zu können. Das Hauptquartier ist wie ein innerstädtischer Panikraum, eine Festungsinsel, und es scheint einem wie Wahnsinn, diese Sicherheit je wieder aufzugeben.

Innen ist das HQ erstaunlich unspektakulär, ein Welt-Dorf aus Containern, auf eine ehemalige britische Sportanlage gepflanzt. Jeder kennt jeden, alte Kumpels von früheren Einsätzen werden mit großem Hallo begrüßt, 2200 Menschen aus 51 Nationen arrangieren sich auf einem Gelände, das in seinen Ausmaßen dem einer mittleren Campus-Uni ähnelt. Alkohol ist verboten, Sport wird exzessiv getrieben. Auch etliche Afghanen arbeiten hier, sie gelten als emsige Bauarbeiter und Handwerker, doch die Zubereitung der Speisen ist ihnen untersagt; das Misstrauen gegen die Einheimischen ist enorm.

Die Deutschen sagen, sie gälten hier als gute Gastgeber, sie haben in ihrem Gemeinschaftshaus oben einen Dachgarten, in dem sie die Fußballspiele aus der Bundesliga sehen und im Herbst ein »Oktoberfest« veranstalten. Nebenan steht das Amerikanische Haus; dessen Dachterrasse überragt, wie es sich gehört, das Haus der Deutschen um ein Stück.

Beiläufig wird erzählt, wie gefährlich der Ort ist, an dem wir hier sind: Am 15. April 2012 gab es den letzten großen Angriff aufs HQ und davor einen im Herbst 2011, dort hinten, in dem Hochhausrohbau, hätten sich zehn Aufständische verschanzt und aufs Gelände gefeuert. 27 Stunden habe das Gefecht gedauert. Ein Mann vom Militärischen Abschirmdienst (MAD) sagt uns, es werden etwa 100 Suizid-Killer in der Stadt vermutet, man warte auf den Big Bang, der aber erstaunlicherweise nicht komme …

Ansonsten sei aber im Lager nichts los, sagt uns Lucky, ein tätowierter, braun gebrannter, in Kabul lebender Mann aus Belgien, der bei den Deutschen so etwas wie das Mädchen für alles ist: Früher habe es hier wenigstens manchmal Salsa und Karaoke gegeben, heute säßen die Soldaten in der Freizeit nur noch am Laptop und spielten Onlinespiele. Insofern kommt Krömer gerade recht.

Der erste Auftritt – alte Zeiten

Auf dem Tisch stehen eine Flasche Wasser und ein Glas. Draußen warten sie auf meinen Auftritt, und in meinem Kopf fliegen Erinnerungen von damals wie ein unkontrollierter Mückenschwarm wild umher. Ich muss mich noch mal kurz setzen und trinke das Glas leer. Die Neonröhre in dem kleinen Raum flackert.

Der Saal, in dem ich gleich auftreten werde, ist nicht sehr groß. Er erinnert mich an die Theaterräume in Schulen und hat Platz für ungefähr siebzig Personen.

Irgendwie stoßen gerade in diesem kleinen Raum in Kabul im Headquarter der ISAF-Kräfte zwei Linien meines Lebens aufeinander. *Soldaten* und *Bühne:*

Von 1991 bis 1999 habe ich mich massiv mit der Bundeswehr angelegt. Zwei Jahre lang, von 1997 bis 1999, bin ich sogar komplett untergetaucht, um dadurch total zu verweigern.

Zur gleichen Zeit fanden damals meine ersten Auftritte statt. Mehr oder weniger unter Ausschluss der Öffentlichkeit.

Plötzlich bin ich wieder Mitte zwanzig. Ich sitze hinter der Bühne des Berliner *Scheinbar Varietés*. Ich bin aufgeregt. Nicht etwa, weil ich meinen Text vergessen könnte, denn ich habe gar keinen richtigen Text. Ich weiß zwar grob, was ich da gleich draußen auf der Bühne machen will, aber eine Dramaturgie im richtigen Sinne gibt es nicht. Meine Dramaturgie lautet: Ich gehe raus, das Publikum feiert mich ab, ich bringe den Saal zum Kochen und die Leute zum Rasen. Ich bekomme unglaublichen Applaus, gebe drei Zugaben, und ab morgen ist die Hütte hier jeden Abend gerammelt voll. Das ist mein Plan.

Von meiner Seite aus ist alles getan. Ich könnte rausgehen auf die Bühne. Das einzige Problem sind die Stühle. Sie sind leer.

Da sitze ich nun. Lehre abgebrochen. In einem leeren Theater, wo keiner kommt, der mich sehen möchte. *Manchmal läuft's einfach,* denke ich mir.

Was definitiv feststeht, ist, dass man zu Hause nicht direkt beglückwünscht wird, wenn man beschließt, seine Lehre frühzeitig zu beenden.

Ich habe meine Mutter richtig stolz gemacht, als ich sagte, *Mutter, ich höre auf mit der Lehre. Mir bringt das nichts.* Ich erinnere mich genau. Sie sagte, *Natürlich, mein Sohn! Hör doch auf mit der Lehre und werde einfach erfolgreicher Künstler. Wir füttern dich hier schon durch. Das ist alles kein Problem.*

Soll ich Ihnen was sagen? Das ist gelogen. Keiner hat sich gefreut.

Die Ansage war klar: wenn nicht diese Lehre, dann eine andere. Aber mein Entschluss – damals mit knapp achtzehn Jahren – stand fest: die Lehre als Kaufmann im Einzelhandel wird abgebrochen. Und dann wird es schon irgendwie weitergehen. Um meiner Mutter die Schande zu ersparen, die Lehrstelle zu kündigen, sammelte ich so lange Abmahnungen, bis ich nicht mehr kündigen musste. So etwas kann ganz schnell gehen. Schon nach wenigen Tagen hatte ich mein Ziel erreicht und war ein freier Mann.

Doch was bedeutet frei? Du musst nicht zu dieser verhassten Arbeit und nicht in die beknackte Berufsschule gehen. Das ist gut. Auf der anderen Seite muss man irgendwo wohnen und irgendetwas essen. Dazu braucht man Geld. Und dafür braucht man einen Job. Den hatte ich nicht. Und das war nicht gut.

Ich war frei, aber ich war auch mittlerweile eine Persona non grata. In meiner Familie und meinem Freundeskreis.

Zu Hause habe ich das verstanden. Da macht man sich Sorgen, dass der Junge im Leben vielleicht nicht bestehen kann, wenn er so gänzlich ohne Handwerkszeug hinaustritt. Das ist bestimmt kein schönes Gefühl, und ich kann mir vorstellen, dass man sich als Elternteil auch als Versager fühlen kann, wenn man das Minimalziel für das Kind nicht erreicht hat.

Ganz abgesehen davon, was die Verwandten und Freunde noch von sich absondern und das Ganze damit noch schwerer machen. *In spätestens zwei Jahren landet der in der Gosse.* Oder: *Das habe ich dir bei dem doch gleich gesagt, dass der nix taugt.* Oder: *Besuchst du ihn dann auch im Gefängnis?*

Das alles sind Dinge, die eine Mutter nicht gerne über ihren Sprössling hört.

Aber auch im Freundeskreis kam, wie gesagt, mein Entschluss, die Lehre zu schmeißen, nicht gut an. Auf einmal war ich der vogelfreie Außenseiter. Es war ja nicht so, dass es andere nicht auch angekotzt hätte, was sie machen mussten, aber sie haben halt Augen und Hintern zusammengekniffen und weitergemacht. Und wenn du auf einmal aus der Reihe tanzt, dann hältst du ihnen ja quasi einen Spiegel vor. Also ist dein Scheitern für sie eine Herzensangelegenheit, alleine um sich zu beweisen, dass sie selbst auf dem richtigen Weg sind. Und so einen, der sowieso schon gescheitert ist, den lädt man jetzt auch nicht mehr zu sich ein oder trifft sich mit ihm. So einen will man nicht um sich haben.

Zu dieser Zeit hat sich in meinem Freundeskreis die Spreu vom Weizen getrennt. Besser gesagt die Spreu *und* der Weizen haben sich von mir getrennt. Das erste Mal in meinem

Leben habe ich mich einsam gefühlt. Aber heute kommt mir das sehr zugute, denn nach so einer Erfahrung kann man zwischen Schleimern, die einem nur nach dem Munde reden, und echten Freunden, die da sind, wenn man sie braucht, wunderbar unterscheiden.

Nach jahrelanger Terminverschiebung meinerseits war es 1996 endgültig: Der Musterungstermin stand an.

Zu diesem Zeitpunkt jobbte ich schon seit etwa fünf Jahren mal hier, mal da. In Berufen, die sonst keiner machen wollte, aber ich verdiente mein eigenes Geld.

Es gab wenige Dinge, von denen ich wusste, dass ich sie wollte. Aber es gab immerhin viele Sachen, von denen ich ganz genau wusste, dass ich sie nicht wollte. Ganz oben auf der Liste stand die Bundeswehr. Mit einer Knarre durch den Matsch robben und mich von Leuten für einen Hungerlohn anschreien und zum Vollidioten machen lassen? Das wollte ich nicht. Auf gar keinen Fall. Wenn ich darüber nachdenke, dann kann es eigentlich nur am Matsch und der Knarre gelegen haben. Denn in den Augen aller anderen war ich ja sowieso schon der Vollidiot. Ich will jetzt nicht rumjammern (Das ist übrigens ein Satz, den Männer noch öfter sagen als »Ich schaffe völlige Transparenz!«), aber wenn man mich fragen würde, ob ich damals viel Scheiße gefressen habe, dann kann ich klar antworten: Ja!

Kennen Sie das Gefühl, morgens um fünf Uhr dreißig aufzustehen, weil Sie um sieben Uhr auf der Baustelle sein müssen? Am besten ist man schon vor sechs Uhr in der U-Bahn. Erstens, damit man rechtzeitig da ist und nicht schon vor Arbeitsbeginn den ersten Einlauf kassiert. Zweitens, je früher man in die U-Bahn steigt, desto geringer ist die Gefahr, auf Kontrolleure zu treffen. Und der dritte Grund ist der einfachste. Schnell duschen und raus, damit das Hirn keine Zeit bekommt zu verarbeiten, was das Auge ihm zeigt: Es ist nix zu fressen da.

Also, alte Klamotten an. Am besten die von gestern oder vorgestern, denn die waren auch in der letzten und vorletzten Woche noch gut und haben den Riesenvorteil, dass man sie nicht aufzuhängen braucht, weil sie von alleine stehen können. Dann in die U-Bahn rein und ab nach Berlin-Hohenschönhausen, auf die Baustelle, und frisch ran ans Tagewerk. Mit einem Fäustel den Putz von der Wand holen, bis man keinen Finger mehr bewegen kann. Dann alles zusammenfegen, in eine Karre schippen, von der Karre in eine Röhre, durch die Röhre nach unten in einen Container. Dann selbst nach unten und den Container plätten. Auf dem Weg nach oben die neuen Platten greifen, die messerscharfen Kanten ignorieren und sie in den vierten Stock schleppen. Dann wieder runter. Zwischendurch Mittagspause. Der oberste Chef ist selten da. Der Chef meiner kleinen Einheit ist mein eigener Vater, der als Subunternehmer für die Baufirma arbeitet und dessen einziger Angestellter ich bin. Das Ganze fünf- bis sechsmal die Woche. Und man denkt tatsächlich darüber nach, ob es bei der Lehre als Kaufmann im Einzelhandel nicht doch schöner gewesen war.

Definitiv nicht viel schöner war es im Zoo. Dort war mein Job, die Meerschweinchen zu füttern, die dann selbst zu Futter gemacht wurden. Mein Chef hatte seine eigene Methode, die kleinen Muckis zu Leckerbissen für größere Tiere zu verarbeiten. Er kam, sah und griff ins Gehege. Er nahm ein Meerschweinchen in die Hand, holte aus und schmiss

49

es mit voller Wucht auf den nackten Betonboden. Der Aufprall führte stets zum sofortigen Tod des Tierchens. Er hat das allerdings nicht gemacht, weil er ein gnadenloser Sadist gewesen wäre. Seine Methode war einfach schnell und effektiv und bewirkte, dass das Tier sich nicht lange quälen musste. Eben noch am Salat, dann kurz auf dem Arm. Und schon ist die Seele im Meerschweinchenhimmel und der Körper auf dem Weg in ein größeres Tier. Die Hühner hat er auf den Schoß genommen und gestreichelt und mit ihnen geredet. Dann hat er ihnen blitzschnell den Hals umgedreht und es war zu Ende, bevor sie auch nur etwas ahnen konnten.

Als Putzkraft dagegen hat man deutlich weniger mit dem Thema Tod zu tun gehabt. Als Putzkraft hat man quasi eine Tarnkappe auf. Wenn man auf dieser Welt unsichtbar werden will, dann sollte man putzen gehen. Denn keiner möchte anscheinend etwas mit Leuten zu tun haben, die für einen Dumpinglohn den Dreck anderer Leute wegmachen. Da gucken alle weg.

Ein Traum ist es zum Beispiel, in einer Kita zu putzen. Wenn auf einmal eine miterziehende Mutter vor einem steht und in einem herablassenden Ton fragt, ob man kurz die Zeit erübrigen könnte, einmal mit ihr mitzukommen und unter die Ränder der Klobrillen zu schauen. Da sei, so hört man dann, während sie an einem ökologisch wertvollen und nahrhaften Reformhauskeks knabbert, noch die Kacke diverser Kinder dran.

Super, Mutti! Immer schön nach unten treten. Wenn ich jetzt das Maul aufmachen und dir mal meine Meinung sagen würde, fliege ich hier achtkantig raus und kann mir woanders einen Spitzenjob für sieben Mark die Stunde suchen, dachte ich, während sie ihr Junges in eine Kutsche aus Leichtmetall und Gold, in eine Decke aus Kükendaunen und Lammvlies packt, mich noch einmal mit einem Kinderschänderblick bedenkt und feierlich in Richtung Klatsch-Café von dannen zieht, um den anderen Müttern von ihrer Großtat zu berichten, wie sie die Putzkraft gerade zusammengeschissen hat.

Voller Verzweiflung habe ich mich dann in eine berufsvorbereitende Maßnahme eingliedern lassen, um mich im zweitklassigen *Hotel am Kurfürstendamm* zum erstklassigen Hotelfachmann ausbilden zu lassen. Dort musste ich ein halbes Jahr zur Probe arbeiten, als Küchenhilfe, Zimmermädchen, Wäschehilfe, Tellerwäscher, Servicehilfe. Das alles unter den wachsamen Augen des Arbeitsamtes. Es lief alles – sagen wir mal – äußerst suboptimal. Irgendwie hatte ich mich in eine Situation gebracht, die man nicht gerade als Pole-Position bezeichnen konnte.

In mir reifte langsam der Entschluss, Künstler zu werden. Wenn man eh nix zu fressen hat, dann hat man doch schon die Hälfte der Kriterien erfüllt, dachte ich mir.

Ich kann mit Recht behaupten, dass ich damals, um meinen achtzehnten Geburtstag herum, begonnen habe, alle Türen hinter mir zu verschließen. Im Nachhinein würde ich sagen, ich habe aus Trotzigkeit richtig gehandelt. Wenn es kein Zurück mehr gibt, dann geht es nur noch vorwärts. In den Himmel oder in die Hölle. Nicht wie bei jemandem aus Berlin-Grunewald, der immer macht, was Papa sagt. Und wo Papa immer alles zahlt.

Der einzige Weg, den ich für mich sah, war die Bühne. Deswegen habe ich mir in der Buchhandlung das Buch *Alles*

Theater gekauft. Es beschreibt die zehn größten Vorurteile, die man als angehender Schauspieler von diesem Beruf haben könnte.

An einer privaten Schauspielschule in Berlin gestattete man mir für einen Tag, dem Unterricht beizuwohnen. An jenem Tag stand für alle Schüler die Hausaufgabenkontrolle an. Die junge Schauspielschülerin Dörthe trat in die Mitte des Kreises ihrer Mitschüler und spielte mit totaler Hingabe eine Toastscheibe, die gerade den Toaster verlässt. Wegen zu lauten Lachens endete meine Hospitanz früher als erwartet. Ich wurde rausgeschmissen. Und, weil der Unterricht nicht mit dem übereinstimmte, was ich mir so vorgestellt hatte, stand fest: Schauspieler werde ich schon mal nicht.

Als im April 1996 dann also der erste Musterungstermin anstand, arbeitete ich gerade als Tellerwäscher in der Dialyse am Nordgraben in Berlin. Mein Job war es, die Teller erst mit Essen zu füllen, dann zu servieren, dann abzuräumen und dann zu putzen.

Ganz schlimm war ein Abend im Dezember 1996, als ich mit meiner damaligen Freundin einen Spaziergang über den weihnachtlich illuminierten Kurfürstendamm machte. An einem Schaufenster blieb sie stehen und betrachtete den Schmuck. Ein Ring hatte es ihr besonders angetan. Den hätte sie gerne, sagte sie mir. Erst durch Blicke und dann, als die nichts halfen, auch in Worten. Der Ring kostete damals tausendfünfhundert Mark. Ich sehe das Preisschild heute noch gestochen scharf vor meinen Augen. Tausendfünfhundert Mark. Tausendfünfhundert Mark oder fünfzehntausend Mark oder hundertfünfzigtausend Mark waren für mich das Gleiche. Ich hatte alles drei nicht, und so, wie es aussah, würde ich es auch nie haben. Ich habe mir damals ausgerechnet, wie lange ich weder essen, trinken und mieten dürfte, um ihr den Ring schenken zu können. Sehr. Lange.

Die Krone setzte sie dem Ganzen auf, als sie mich mitleidig ansah und zu mir sagte: *Du stellst doch nichts dar.*

Kurz darauf zu Silvester hat sie sich dann vor meinen Augen mit der Zunge in einen Gas-Wasser-Installateur verhakt und sich ihm gegenüber generell sehr paarungsbereit gezeigt. Keine Ahnung, ob er ihr den Ring jemals gekauft hat.

Zurück zu meinem Job in der Dialyse. Eigentlich ein klassischer Job für einen Zivildienstleistenden, den ich da auf Fünfhundertachtzig-Mark-Basis gemacht habe. Da ich schon fast ein Jahr lang dabei war, habe ich keinen Sinn darin gesehen, meinen Wehrdienst zu verweigern, um dann Zivildienst zu leisten. Und an die Waffe wollte ich sowieso nicht. So viel stand fest.

Was sollte ich machen, perspektivlos und ständig pleite?

Auf einer Skala von null bis hundert war ich schon mindestens bei drei, und jetzt sollte ich auf null zurück?

Ich hatte zu der Zeit ein paar junge Punkfreunde kennengelernt. Die Jungs haben mich dann an ein paar Experten und Anwälte in Sachen *Totalverweigerung* verwiesen.

Ist doch alles kein Problem, war deren Meinung. *Geh zur Musterung, dann haste erst mal Ruhe. Dann kommt nach Monaten der zweite Brief, rufste an und sagst, du musst dringend nach Bremerhaven zum achtzigsten Geburtstag von Oma Inge. Das darfste. Dann haste wieder Monate Zeit. Dann kommt der nächste Brief. Dann rufste an und sagst, Oma Inge ist gestorben, und du musst wieder nach Bremerhaven, diesmal zur Beerdigung. Dann haste wieder Monate*

Zeit. Und so geht das weiter und weiter! Haste 'ne Lehr-
stelle, haste drei Jahre Zeit. Haste einen Studienplatz, dann
biste fast raus.

Ich hatte beides nicht. Nur meinen Tellerwäscherjob. Ich
habe aber trotzdem erst mal alles so gemacht, wie die Jungs
es mir geraten haben.

Zu dieser Zeit musste ich aus Geldnot des Öfteren meinen
Wohnsitz wechseln. Dies tat ich stets, ohne mich umzumel-
den. Mein Pass war noch gültig, aber die Adresse stimmte
nicht mehr. Und irgendwann haben mich somit auch keine
Briefe des Kreiswehrersatzamtes mehr erreicht. Ich war untergetaucht.

Unter anderem lebte ich damals in Schöneberg in einer
Wohngemeinschaft und bin dort oft die Monumentenstraße
entlanggelaufen. Dort befindet sich bis heute das *Scheinbar
Varieté* im Erdgeschoss.

Ich erfuhr, dass es dort eine Art offene Bühne gab, auf der
jeder auftreten durfte, der sich traute. Ich war mir meines
Mutes sicher.

Im Ernst, was hatte ich schon zu verlieren? Mein
Schwämmchen zum Tellerputzen? Das Geräusch der Dialy-
semaschinen würde ich nicht vermissen.

Irgendwann trat ich nicht nur bei der offenen Bühne, sondern auch richtig mit Ankündigung und meinem Namen im
Programm auf.

Da habe ich dann immer nachmittags angerufen und gefragt, wie viele Karten schon verkauft sind. Mir wurde versichert, der Vorverkauf liefe gut an.

Wie viele?, wollte ich konkret wissen.

Fünf, aber da kommt sicherlich noch Laufkundschaft.

Und dann habe ich vor den Auftritten immer den Zu-
schauerraum darauf hin beobachtet, ob auch alle fünf ge-

kommen sind. Manchmal waren es nur vier, manchmal sind aber noch welche von draußen reingespült worden, und wir waren zu siebt. Im besten Fall wurde sogar gelacht.

Immer, wenn ich durch die Monumentenstraße musste, bin ich auf Höhe der *Scheinbar* langsamer gelaufen. So, als ob ich damit gerechnet hätte, dass da gleich *Mister Talentescout* aus der Tür treten und auf mich zukommen, in Tränen ausbrechen und sagen würde, *Mensch, dich habe ich jahrelang gesucht, was für eine Entdeckung!*

Aber egal, wie langsam ich auch lief, auf meinen Durchbruch musste ich noch viele Jahre warten.

So verging die Zeit. Ich entwickelte mich konstant weiter. Wohnungstechnisch gesehen zog ich von einer Bruchbude in die nächste, und als Komiker trat ich manchmal sogar schon vor bis zu zehn Leuten auf.

Irgendwann wollte ich dann aber doch wieder zurück ins System. Ich wollte eine feste Adresse, vor allem eine eigene Wohnung. Krankenversicherung wäre auch schön, dachte ich mir. Da ich keine Versicherung hatte und keine Arztkosten hätte bezahlen können, fielen mir zum Beispiel mit den Jahren etliche Zähne aus. Damit sollte nun Schluss sein. Ich hatte keine Lust mehr auf Verstecken spielen.

Natürlich geht man nicht besten und ruhigen Gewissens zum Einwohnermeldeamt, wenn man sich zwei Jahre lang verkrümelt hat.

Wie Josef K. in Kafkas *Prozess* vor dem Gerichtsgebäude stand ich damals vor dem Einwohnermeldeamt in Berlin-Schöneberg und traute mich nicht richtig hinein. Ich hatte Angst. Dann habe ich mir ein Herz gefasst und bin in die

Höhle des Löwen gegangen. Meine Sachbearbeiterin war eine ältere Dame, Typ Mutti.

Sie haben also die letzten zwei Jahre »mal hier, mal da« gewohnt, wie Sie sagen?

Das ist in der Sache korrekt, dachte ich, sprach es aber nicht aus. Mit großer Klappe war bei mir in dieser Situation nichts.

Ja, sagte ich zu Mutti.

Sie wissen schon, dass das strafbar ist?

Ja, das wusste ich. Ich hatte nur keine Ahnung, was das Strafmaß ausmacht. Von Bußgeldern in Millionenhöhe bis Gefängnis schien mir alles möglich.

Die ältere Dame wirkte auf mich zwar nicht gemein, aber der Situation angemessen ernst. Hatte sie es doch mit einem Fahnenflüchtigen, einem Republikflüchtling, zu tun.

Ich hatte Angst, aber ich wusste, ich muss mich dieser Situation jetzt stellen.

Mutti sah mir tief in die Augen und dann in ihre Unterlagen.

Sie wissen, dass die Bundeswehr Sie sucht?

Was sollte ich sagen? *Bundeswehr? Was ist das denn?*

Das erschien mir nicht die richtige Taktik.

Wieso?, fragte ich kleinlaut.

Wieso? Weil Sie seit zwei Jahren keine Post mehr beantwortet haben!

Schuldbewusst sah ich zu Boden. Mutti sah wieder in ihre Unterlagen.

Ich gebe zu, da ist mir ein bisschen schlecht geworden. Ich sah mich schon im Gefängnis meine Schulden beim Staat abarbeiten. Tüten kleben oder Räuchermännchen aus dem Erzgebirge bemalen.

Aber egal, was kommen sollte, ich war bereit, mich der Situation wie ein Mann zu stellen.

Mutti war noch dabei zu rechnen. Mir wurde ganz anders. Nun sah sie mir ernst in die Augen.

Stille. Und dann:

Alles in allem kostet Sie der Spaß vierzig Mark. Haben Sie es passend oder zahlen Sie per Überweisung?

Den Inhalt meines Portemonnaies kannte ich ganz genau. Vierzig Mark und achtzig Pfennige.

Also habe ich Mutti angestrahlt, meine Schuld in bar beglichen und bekam eine Meldebestätigung ausgehändigt und einen vorläufigen Personalausweis. Endlich war ich wieder ein freier Bürger mit allen Rechten und Pflichten. Und ich sah es als mein gutes Recht an, mir für die restlichen achtzig Pfennig ein Buttercroissant zu kaufen und es auf der Stelle zu verschlingen.

Die Pflichten holten mich allerdings zwei Wochen später wieder ein. Die Bundeswehr schickte nun wieder neue Einberufungsbescheide.

Den Rest will ich kurz halten. Juppi, mein alter Kumpel und damaliger Mentor aus der *UFA-Fabrik* in Berlin, half mir damals, 1999, beim Schriftverkehr in Sachen Bundeswehr. Die *UFA-Fabrik* ist ein vielfältiges Kulturzentrum. Dort leben viele Leute, die dieses Gelände vor Jahrzehnten friedlich besetzt haben, in einer Art Kommune. Juppi händigte mir freundlicherweise ein Arbeitszeugnis aus, auf dem meine aktuellen Engagements bei ihm aufgelistet waren. In diesem Zeugnis wurde noch mal bescheinigt, dass ich mir gerade im Kinderzirkus der *UFA-Fabrik* und im hauseigenen Varieté eine eigene Existenz aufbaute. Zusätzlich bekam ich noch ein Zertifikat mit einem Stempel, der einen Clown beim Jonglieren von drei Sternen zeigte. Ich war nun qua Urkunde ein lizenzierter Zirkusclown. Mit diesem Zeugnis und einem Flyer meiner damaligen Show

Ausländer rein! ging ich dann 1999 zum Termin mit der Einberufungskommission der Bundeswehr. Meinem Antrag auf totale Verweigerung wurde schlussendlich im Oktober 1999 unwiderrufbar stattgegeben.

Alles andere wäre auch eine Katastrophe gewesen.

Denn gerade zu dieser Zeit fing ich an, mir ein kleines bisschen Hoffnung zu machen. Juppi von der *UFA-Fabrik* und Daniela Schäfer aus dem *Scheinbar Varieté* waren damals die einzigen, die an mich geglaubt haben. Sie gaben mir immer das Gefühl, wenn ich jetzt dranbleibe, kann da etwas draus werden. Das half mir damals sehr. Dies war also der Beginn meiner Karriere als Komiker. Und genau an diesem Punkt funkte mir die Bundeswehr dazwischen. Der Hass auf das *Schweinesystem*, wie ich es damals nannte, war riesengroß.

Umso verwunderlicher ist die Tatsache, dass ich nun knapp vierzehn Jahre später als Gast bei derselben Bundeswehr gelandet bin.

Die Zeiten haben sich geändert. Hätte ich vor vierzehn Jahren ein Buch über die Bundeswehr schreiben sollen, wäre es schon nach einem einzigen Satz zu Ende gewesen: *Die Bundeswehr ist Scheiße!* Punkt!

Ich bin heute noch gegen Krieg, aber ich habe gelernt, dass man mit einer ablehnenden Haltung zwar Stimmung machen kann (und gerade bei diesem Thema immer auf Menschen stoßen wird, die einem dafür Applaus schenken werden), aber man verbaut sich durch diese Position auch jede Möglichkeit, sich in das Gegenüber hineinzudenken.

Ich bin zwar nicht deiner Meinung, aber erzähl mir mal was aus deiner Welt, denn ich verstehe sie noch nicht.

Betr.: Einberufung zum Grundwehrdienst;
       hier: Mein Bescheid vom *12.10.99*

Bezug: *Ihre Anerkennung als Kriegsdienstverweigerer*

               B E S C H E I D

Sehr geehrter Herr *Bojcun*

der Ihn zugestellte Einberufungsbescheid wird widerrufen.

Damit ist Erledigung im Widerspruch verfahren eingetreten

Ich bitte, den widerrufenen Einberufungsbescheid zusammen mit den übrigen Einbe-
rufungsunterlagen umgehend zurückzusenden.

Mit freundlichen Grüßen
Im Auftrag

Walb

Dass Krieg unmenschlicher Schwachsinn ist, wissen wir
alle. Aber warum wird er dann zum Beispiel in Afghanistan
seit dreißig Jahren geführt?

Deswegen sind wir hier. Um uns vor Ort ein Bild zu machen. Hier in Afghanistan wird einem erst die Dimension

klar. Soldaten haben hier bei diesem Thema nichts zu sagen. Ich könnte meinetwegen ganz nach Afghanistan ziehen und jeden Tag mit den Soldaten sprechen, aber die Verantwortlichen werde ich nicht vor die Linse bekommen. Ein Herr Thomas de Maizière wird sich hier, heute und in Zukunft nicht mit mir hinsetzen und meine Fragen beantworten.

Bei Krieg geht es nicht nur um die Soldaten, Soldaten führen nur aus, Soldaten werden nur geschickt.

In der Hinsicht kann man Krieg mit Schach vergleichen: Die Soldaten sind die Bauern; sie stehen zwar in der ersten Reihe, aber ihre Handlungsspielräume sind äußerst gering. Die einzige Aufgabe, die sie haben, ist das Schützen und das Verteidigen der kostbaren Spielfiguren, die hinter ihnen stehen und ihnen Anweisungen geben.

Und von denen ist doch keiner an einer friedlichen Lösung interessiert. Jede Interessengemeinschaft spielt hier ihr eigenes Spiel. Für die Waffenindustrie zum Beispiel muss Afghanistan doch wie ein riesiger Spielplatz für Erwachsene sein. Was kann man hier herrlich Waffen und Militärfahrzeuge ungestraft testen und vor allem teuer verkaufen. Hier geht es wie immer in erster Linie um Öl und andere Ressourcen und Bodenschätze, die man sich unbedingt sichern will.

Und ausgerechnet mich, dem so etwas durch den Kopf geht, haben sie nun eingeladen. *Soll der Krömer mal kommen und Quatsch machen.*

Jetzt sitze also ich hier in diesem kleinen Raum in Kabul, der Saal ist immer noch leer, und gleich mache ich den Hampelmann.

Das passt alles nicht zusammen, denke ich mir. So wird Humor mit Naivität, Dümmlichkeit und Verdrängertum gleichgesetzt.

Nehmen Sie die Herrschaften mal an die Hand und sorgen Sie dafür, dass die zwei Stunden lang ihre Alltagsprobleme vergessen.

Wegen solch verkackter Absichten hat man mich übrigens noch nie auf irgendwelchen Clubschiffen, Weihnachtsfeiern oder Gala-Veranstaltungen auftreten sehen. Wir sind hier in einem Kriegsgebiet, und ich bin doch nicht Marlene Dietrich.

Es ist acht Uhr, der Auftritt beginnt. Ich habe für den heutigen Abend nichts Spezielles vorbereitet. Das mache ich sowieso nie. Ich spiele also mein Programm wie sonst auch. Ich merke, wie die Soldaten sich noch uneinig darüber sind, was sie von diesem Auftritt halten sollen. Irgendwann wird ihnen aber klar, dass ich nicht nur dastehe und abliefere, sondern sie selbst ständig Teil des Programmes sind und von mir, wie alle anderen Zuschauer in meiner Show in Deutschland auch, angepflaumt werden. Die größten Lacher entstehen, wenn ich nach oben trete und anwesende höhere Ränge durch den Kakao ziehe. Nach einer Stunde ist der Auftritt vorbei.

Peter Kümmel

Ein Soldat kommt zu spät. Er huscht in den vollbesetzten Saal und quetscht sich in die zweite Reihe. Krömer fragt: »Woran hat et jelegen? Ham Sie nicht gewusst, was Sie anziehen sollen? Ich geb Ihnen 'nen Tipp: ziehen Sie immer dasselbe an.«

Dies ist das homogenste Publikum seines Lebens. 60 Männer und eine einzige, schöne blonde Frau (das scheint eine Spezialität der deutschen Truppe zu sein: die schöne, von Männern umringte blonde Frau). Alle tragen Kampfanzug, die Wüstenvariante: sandfarbener Grund mit dunkler Befleckung. Auch wenn die Soldaten ausgehen, tun sie es im Kampfanzug.

Krömers erster Gag, betont verächtlich gesprochen: »Ich habe recherchiert, ich bin der erste Komiker, der hierherkommt, abgesehen von Guido Westerwelle.« Wolfsgelächter. Es ist hell im Saal, und Krömer sagt: »Normalerweise sehe ich nicht die Leute, für die ich spiele – ich weiß nicht, was besser ist, wenn ich euch so sehe.« Das ist Krömers Prinzip: Er beleidigt die anderen und tut dann so, als sei er beleidigt worden. Er ist unverschämt und spielt den Getroffenen.

Er ist nicht der subversive Clown, der an die Front geht und die Truppe unterwandert. Er spielt eher den Ignoranten, der nicht begreift, dass er Deutschland überhaupt verlassen hat. Er bewegt sich im Camp wie in einem östlichen Vorort von Berlin. Krömer spielt den hochfahrenden Deutschen, der soeben zurückwankt auf die militärische Weltbühne: er darf wieder bei den Großen mitmachen, aber er weiß nicht, worum es hier geht. Einige Szenen seiner Reise werden in Krömers Sendung gezeigt werden, und man wird sehen: Krömer führt nicht den daheimgebliebenen Deutschen die Soldaten vor, sondern er führt den Soldaten die daheimgebliebenen Deutschen vor.

Er fragt einen Oberfeldwebel: »Hast du was zu sagen?« »Nö.« »Dann hol mir mal 'n Bier.«

Brüllendes Lachen. Krömer weiß jetzt, was er schon geahnt hat: Hier führt der Weg zur Pointe über den Vorgesetzten.

Er spricht den Lagerobersten an, der ihn nicht versteht, und fragt ihn mit süßem Lächeln: »Sprechen wir die glei-

che Sprache?« Es ist der archetypische Berliner Schalter-
beamte, der sich hier austobt und seine Macht über den
Moment genießt. Die autoritäre Wurzel seiner Komik,
sagt Krömer später, stamme aus den Jahren der Demüti-
gung, die er erlebt habe.

Diesen Obrigkeitsterror verbreitet er nun mit anarchi-
schem Genuss: Immerzu demütigt er Zuschauer und stellt
sie an den Pranger, und die Lizenz dazu erwirbt er sich, indem er sich selbst am meisten erniedrigt. In seinen Nummern ist er der prahlende Denunziant, der selbstgerechte
Fatzke, der Augenblicksvorgesetzte seiner Zuschauer –
der Entertainer, der aufs Publikum sauer ist, weil es ihm
den Abend verdirbt.

Man könnte sagen: Krömer lässt die Truppe schon jetzt
spüren, dass sie daheim keinen Respekt zu erwarten hat.
Er spielt einen Deutschen, der von den Soldaten – Schma-
rotzer am Hindukusch – nichts weiß und auch nichts wissen will. Das Publikum erkennt die Wahrheit hinter dieser
Komik, das Gelächter kommt tief aus dem Bauch.

Ich gehe vor die Tür. Auch im deutschen Lager in Afghanistan darf nicht innerhalb von Gebäuden geraucht werden.
Deswegen stehen die meisten Soldaten auch die meiste Zeit
draußen, obwohl es drinnen angenehm klimatisiert ist. Wie
absurd, denke ich: Erschossen werden geht in Ordnung, aber
Rauchen bitte nicht.

Ich frage den Soldaten, der – in Zivil – neben mir steht
und der mir eben schon im Publikum aufgefallen war, was
denn seine Aufgabe sei.

Er antwortet, er arbeite hier für den MAD (Militärischer
Abschirmdienst) und den BND (Bundesnachrichtendienst).
Ich bin so eine Art Geheimagent. Das erzählt er so ganz ne-

benbei, als würde er darüber sprechen, dass er neuerdings einen Spätkauf gepachtet habe und die Geschäfte zufriedenstellend liefen. Das erklärt auch, warum er die ganze Zeit in Zivil rumrennt. Denn oberstes Gebot hier bei der Bundeswehr ist eigentlich: Keiner darf öffentlich in ziviler Kleidung gesehen werden. Ich mache mich daran, ihn auszufragen. Der Herr Geheimagent antwortet bereitwillig. Bei ihm würden Informationen zusammenlaufen, die die Soldaten und *andere* sammeln. Dann wertet man diese aus. Man entscheide, was wichtig und unwichtig sei, was man für sich behalten sollte, was man an die anderen Länder weitergeben könne und was man gegebenenfalls dafür im Austausch an Informationen bekommen könnte. Das hört sich alles sehr abstrakt an. Ich bitte ihn um ein Beispiel.

Schild im Headquarter in Kabul

NO SMOKING

RAUCHEN VERBOTEN

Afghanistan is dangerous enough

Er war zum Beispiel einmal in einem anderen Kriegsgebiet stationiert. Dort ging es darum, dass man vermutete, dass an einer bestimmten Stelle in einem Hafen Waffen geschmuggelt würden. Sein Job war es, herauszubekommen, ob dem wirklich so war. Also hat er sich als Tourist und als Angler verkleidet und ist dort im Hafen angeln gegangen. Erst einmal mussten sich die Einheimischen an ihn gewöhnen, und als er dann nach ein paar Wochen zum *normalen* Hafenbild gehörte, konnte er beobachten.

Ein paar Wochen später wusste er Bescheid. An der vermuteten Stelle wurden tatsächlich Waffen in kleinen Containern aus kleineren Schiffen ent- und auf Lastwagen geladen. Erst war er nicht sicher, ob es wirklich Waffen waren, aber einmal öffnete einer der Schmuggler eine Kiste und kontrollierte die Ware. Daraufhin war seine Mission beendet. Er befahl den Zugriff.

Um die Tarnung korrekt aufrechtzuerhalten, musste er allerdings noch ein paar Tage weiter angeln gehen.

Was wäre denn gewesen, frage ich ihn, wenn die anderen Angler im Hafen mitbekommen hätten, dass er Geheimagent ist? Wenn die vielleicht auch gar keine echten Angler gewesen sind? Er lächelt. Darauf müsste er immer vorbereitet sein. Und wie er das mit der Sprache gemacht hätte, will ich wissen. Englisch? Nein, sagt er, dafür müsste man schon die Landessprache sprechen. Dies sagt er mir in breitestem Serbisch und übersetzt es mir dann auf Deutsch. Ich frage ihn leise, ob es ihm nichts ausmacht, dass das jetzt alle gehört haben. Er lacht und sagt, das würde wirklich nichts machen. Alle, die hier gerade um uns herum sitzen, machen denselben Job wie er.

Bevor ich in meinen Container gehe, kommt noch der Fregattenkapitän Roland zu uns. In Kabul sei alles okay. Keine weiteren Vorkommnisse. Man habe ein paar Männer dabei beobachtet, wahrscheinlich Taliban, wie sie etwas eingegraben haben, und jetzt sei ein Team unterwegs, um zu gucken, was es sei.

Bis morgen früh sei der Weg zum *Camp Warehouse* aber definitiv frei. Mal gucken, ob die Sicherheitsstufe Grün oder Gelb sei.

Ich gehe zu Bett und schlafe sofort den Schlaf der Gerechten.

Camp Warehouse

Die Sicherheitslage ist etwas unentspannter als gestern. Wir haben nicht Stufe Grün, sondern Gelb. Gelb bedeutet, dass die Lage noch relativ entspannt, aber angespannter ist als gestern und ich nicht im Panzer vorne mitfahren darf, sondern zurück in den Containerpanzer zu den anderen muss. Wir bekommen wieder Codewörter genannt, für den Fall der Fälle. Dann steigen wir ein, und es geht los. Wir bekommen jeder eine Flasche Wasser und dürfen Weste und Helm ablegen. Peter und ich bekommen Plätze, von denen aus wir auf die Straße gucken können.

Camp Warehouse liegt nicht mitten in Kabul, sondern außerhalb. Um das ganze Camp herum ist wieder ein dicker Wall aus Beton, Sand und Stahl zu sehen. Obendrauf Stacheldraht. Es erinnert irgendwie an die Berliner Mauer.

Die Sonne scheint, und es ist unglaublich heiß.

Vor dem Eingang stehen der Spieß der Kompanie, der Kommandeur der deutschen Soldaten in *Camp Warehouse* und eine äußerst gut aussehende junge Ärztin.

Parkplatz im Camp Warehouse

Ich mache direkt einen Termin, weil ich mich durch die Klimaanlage im Containerpanzer leicht verschnupft fühle. Er wird mir gewährt. Dann sagt man uns, wir könnten jederzeit zu den Franzosen zum Essen gehen.

Die einzelnen Häuser im Camp sind nach hessischen Dörfern benannt. Man hat Ortsschilder dafür gemalt und sie außen angebracht. Sie stechen als Farbkleckse aus dem Grau heraus. In aller Hässlichkeit steckt auch immer irgendwo etwas Schönes. Und das mit den Schildern ist zumindest schön gemeint.

Bevor wir essen gehen, treffen wir uns noch in der Kompanie und werden den anwesenden Soldaten vorgestellt. Ich lasse mich auf einen Stuhl fallen und schalte für ein paar Minuten meine Gedanken aus, während wir die ersten Instruktionen für *Camp Warehouse* bekommen. Kurz vor dem Ausschalten erschrecke ich mich noch. Ich habe das heutige Passwort vergessen. Aber ich beruhige mich schnell wieder, denn ich brauche es ja auch nicht mehr. Wir sind ja schließlich schon drin.

So schnell geht das mit der Routine. Am ersten Tag hätte ich es nie vergessen. Am zweiten ist man schon so drin, dass man die lauernde Gefahr nicht mehr ganz so drastisch sieht.

Eigentlich hatten wir erwartet, dass wir, egal, wo wir gerade sind, immer genauestens überwacht werden. Aber das hat bislang nicht stattgefunden. Die Presseleute scheinen uns zu vertrauen. Der Spieß hier heißt auch *Mutter* und ist geschätzte Anfang bis Mitte fünfzig.

Er berichtet, dass ab und an Künstler kommen und für die Soldaten auftreten. Aber die meisten würden in Mazar-e Sharif landen, auftreten und dann wieder zurück nach

Hause fliegen. Dass sich Zivilisten freiwillig in die außerhalb liegenden Camps wie *Camp Warehouse* verirren, sei eine absolute Seltenheit.

Während er uns die Schlüssel für unsere Stuben aushändigt, schaue ich mich um. Die haben komische Abkürzungen bei der Bundeswehr, denke ich mir. Hier stehen Worte wie GeZi und KpFü. Man erklärt mir: GeZi ist »Geschäftszimmer«, und KpFü steht für »Kompanieführungsgruppe«.

Wir werden gefragt, was wir gerne drehen möchten, wir sind uns aber noch nicht ganz sicher. Tankred und ich verabreden uns zu einer kleinen Drehbesprechung, sobald wir unsere Stuben bezogen und gegessen haben. Was aber definitiv feststeht, ist: Wir wollen mit dem Militärpfarrer von *Camp Warehouse* drehen. Das wird uns auch sofort zugesagt. Wir erfahren, dass *Camp Warehouse* unter französischem Kommando steht und dass heute der Kommandeur der deutschen Streitkräfte in Kabul ebenfalls zu Besuch sei. Ich frage nach, um was für einen General es sich handelt, und höre, dass er gar kein General ist. Sondern ein Oberst. Ich hätte schwören können, dass General das Höchste ist, aber man lernt nie aus. Konkurrenzveranstaltung also! Man kennt so etwas ja von der FDP. Kinder, die früher viel gehänselt wurden, gehen irgendwann ins Management oder in die Politik, um allen anderen heimzuzahlen, was ihnen in Schule und Kindergarten angetan worden ist. Im Tierreich wären sie die Mitläufer am Rande des Rudels oder der Herde. Bei uns Menschen werden sie die Bestimmer und setzen Konkurrenzveranstaltungen an.

Ein paar Soldaten sind traurig. *Der Oberst hat heute Abend* – zur gleichen Zeit, zu der auch mein Auftritt stattfindet – *zu einem Essen geladen. Pflichttermin.* Auch für die schöne Ärztin. Die anderen sind mir egal. Aber warum sie? So ein Horst, dieser Oberst, denke ich mir. Die Bundeswehr lädt mich ein, und ihr Chef macht zeitgleich eine Gegenveranstaltung. Vielleicht hat er viel mehr zu kompensieren als bloß Demütigungen während seiner Kindheit? Und mit einem teuren Porsche oder einem schicken Boss-Anzug kann er gerade hier ja schlecht auftrumpfen.

Jetzt sollen wir schnell unser Gepäck wegbringen, und dann gibt es Essen. Kleo und ich bekommen wieder jeweils einen Einzelcontainer. Pino und Tankred ziehen zusammen, und ansonsten wird der Rest auf die Zimmer *TV-Medien* und *Print-Medien* verteilt.

Die Zimmer liegen in einer Containerbaracke, die bestimmt zweihundert Meter lang ist. Von dort aus muss man um zwei Beton- und Sandecken herumbiegen, dann gelangt man an einen Platz mit zwei Bänken. Dort sammeln wir uns zu einem ersten Rundgang durchs Camp. Eigentlich könnten wir gleich los, aber wir müssen noch auf Peter warten. Hoffentlich ist er nicht in seinen Koffer hineingefallen und das Schloss ist zugegangen. Bei der Größe des Koffers muss man allerdings keine Angst haben, dass er erstickt, sondern eher, dass er sich verläuft und den Ausgang nicht findet.

Kleo geht Peter holen und kommt nach kurzer Zeit mit ihm zurück: Anscheinend hatte er die Worte Rundgang und Nickerchen durcheinandergebracht. Während Peterchen Kümmel sich noch den letzten Rest Sand aus den Augen reibt, drücke ich meine dritte Zigarette aus.

Wir gehen los und überqueren zunächst eine zentrale Hauptstraße im *Camp Warehouse*. Hier hat man nicht nur einen guten Blick auf die Berge, sondern auch offene Flächen zu beiden Seiten der Straße. Und wenn uns Fahrzeuge begegnen, fahren diese so langsam, dass man sie, wenn man einen Schritt zulegen würde, ganz lässig überholen kann.

Wir kommen an einem Schutzbunker vorbei. Man erkennt ihn nicht sofort, weil um ihn herum Baracken gebaut worden sind. Der Bunker selbst besteht aus dicken Mauern und wieder einmal aus Sand, Stahl und Stacheldraht. Im Innern riecht es nach Keller, und man fühlt sich beklommen. Ich muss sofort an Kriegsfilme aus dem Zweiten Weltkrieg denken, in denen die Menschen während der Angriffe auf Dresden oder während der letzten Tage von Berlin 1945 tagelang in solchen Bunkern oder im Keller haben sitzen müssen, ohne richtig zu wissen, was draußen los ist. Dieser Bunker, den wir nun betreten, besteht aus einzelnen Zimmern, in denen Doppelstockbetten stehen und auf deren Matratzen sauber gefaltete Decken liegen. Es gibt dort Wasserfässer, die – so erklärt man uns – regelmäßig frisch aufgefüllt werden müssen, weil das Wasser ansonsten verfaulen würde. Außerdem gibt es in jedem Raum einen Spind mit ABC-Schutzanzügen und Gasmasken, Verbandszeug und Proviant, der sich mehr als zwölf Jahre hält. Die Soldaten könnten hier drin mehrere Tage – im Notfall aber auch noch länger – gut leben. Ich schaue den Spieß an und sage ihm, dass ich froh bin, dass das bislang noch keiner musste. Doch er druckst herum: Während der Frühjahrsoffensive der Taliban hätten sie allerdings hier drinnen ganze drei Tage verbracht. So lange, bis die Lage geklärt war. Die Lage zu klären, bedeutete und bedeutet, dass alles Verdächtige in der Umgebung mit Waffengewalt niedergekämpft ist.

Der Spieß erzählt, dass man den Familien der Soldaten

nichts von dem Beschuss erzählt habe. Um sie nicht unnötig aufzuregen. Ein anderer Soldat erzählt uns, wie er sich während dieser Tage gefühlt hat. *Man sitzt voller Angst im Dunkeln und weiß nicht, wann das endet.* Und irgendwann kam dann die Nachricht, in diesem Fall von den Franzosen, dass alles wieder sicher sei.

Peter fragt den Fregattenkapitän Roland, wie es denn mit den Nachrichten aussehe, welche die Soldaten per SMS oder Internet an ihre Angehörigen senden würden. Ob dort eine Zensur stattfände. In dem Moment denke ich, dass der Fregattenkapitän diese Frage sicherlich nicht beantworten wird, aber zu meiner Überraschung tut er es doch. *In solchen Fällen werden die Funkmasten außer Betrieb gesetzt. Die Soldaten haben keinen Empfang und können aus Sicherheitsgründen keine Informationen weitergeben.*

Wenig später haben wir die Kantine der Franzosen erreicht. Der Einlass wird unter Überwachung durch einen Soldaten von einem Team Einheimischer durchgeführt. Der jeweils eintretende Soldat muss seinen Rang, seine Nationalität und seine Passnummer in eine Liste eintragen.

Als ich dran bin, stockt die Schlange, denn ich habe meinen Pass nicht dabei. Der Spieß tritt vor und will die Sache regeln. Wir sollen uns keine Sorgen machen. Er wird uns auf die Gästeliste setzen lassen. Allerdings gibt es ohne Pass keinen gültigen Platz auf der Gästeliste. Der Spieß verhandelt hart, stößt aber nicht nur an der Sprachbarriere auf Widerstand. Er flüstert uns zu, dass wir uns jeder einfach eine Passnummer ausdenken sollen. Die Lehre für die Afghanen lautet also: Hauptsache, es steht eine Nummer in den Akten …

Der Saal ist riesengroß und wird jeweils an den Ein- und Ausgängen von bewaffneten Soldaten bewacht. *Warum bewachen hier Soldaten ihre eigenen Leute?*, frage ich.

Ich lasse mir sagen, dass die Wachen hier bewaffnet sein müssen, weil vor einiger Zeit ein Soldat in einem anderen Lager durchgedreht ist und zunächst auf seine Kameraden geschossen und daraufhin sich selbst getötet hat.

Der Spieß besetzt uns einen Tisch in der Ecke, um den wir uns alle gemeinsam versammeln. Die Soldaten der Gastkompanie, unsere Pressesoldaten, mein Team und ich. Einer fehlt. Peter. Der Spieß erhebt sich und geht auf die Suche nach Peter, der wieder einmal irgendwo verschüttgegangen ist. Erst als wir anderen zu Ende gegessen haben, kommen die beiden zurück an den Tisch. Es gibt keine Erklärung. Wir brauchen auch keine mehr. Wir kennen Peter mittlerweile. Er ist ein feiner Kerl, aber er geht das Leben eben auf seinem ganz eigenen Weg.

Und vielleicht ist es genau das, was einen guten Journalisten ausmacht. Wenn ich ehrlich bin, ist Peter Kümmel, nach Günther Wallraff, der zweite Journalist in meinem Leben, vor dem ich Respekt habe. Der Krieg gehört bei ihm genauso wenig zum Tagesgeschäft wie bei mir. Und doch hat er sich mit uns auf die Reise gemacht. Er hätte auch wie andere Journalisten ganz einfach von zu Hause aus, in seinem Elfenbeinturm sitzend, das Geschehen aus der Ferne betrachten und einen Artikel schreiben können. Aber nicht Peter Kümmel, der Mann von der ZEIT! Er hat sich mit uns zusammen auf den Weg gemacht in ein Land, in das eigentlich niemand freiwillig will. Ich weiß nicht, was er schreibt und was er sich da den ganzen Tag in sein Büchlein notiert, aber ich weiß, es wird ein realistischer Bericht über das werden, was wir, Reisegruppe Krömer, hier tun und erleben.

Ein mit dicken Kordeln Behangener kommt an unseren Tisch und will von mir wissen, wem es von uns nicht gut gehe und wer den Termin bei der Ärztin brauche. Ich sage ihm, dass wir alle bei bester Gesundheit seien und ich lediglich mit der Ärztin *drehen* wolle.

Was denn *drehen*, will er wissen?

Das würde ich äußerst spontan angehen, erwidere ich. *Eine Blutabnahme eventuell.*

Er bleibt völlig unbeeindruckt. Ob wir nichts Besseres zum Drehen finden würden als eine profane Blutabnahme, wenn wir schon mal in Afghanistan sind?

Man könne ja das eine mit dem anderen verbinden, denn ich wüsste tatsächlich meine Blutgruppe nicht, sage ich ihm und tische ihm folgende Geschichte auf:

Ich wollte noch vor der Reise nach Afghanistan meine Blutgruppe in Erfahrung bringen. Deswegen habe ich bei meinem Hausarzt angerufen. Ob man mir dort vielleicht meine Blutgruppe nennen könne. Das konnte man nicht. Ich könne aber bei Zahlung eines kleinen Obolus jederzeit vorbeikommen, mir würde Blut abgenommen werden, man würde das Blut dann ins Labor einschicken, und schon ein paar Tage später hätte ich meine Blutgruppe vorliegen. Da dieses Telefonat ungefähr achtundvierzig Stunden vor unserer Abreise stattfand, bat ich um Informationen für ein beschleunigtes Verfahren. Die Antwort war, dass es ein solches nicht gäbe.

Ich weiß aus Krankenhausserien, dass das nicht stimmt. Man kann die Blutgruppe ganz schnell bestimmen. Dieses fundierte Wissen versuchte ich nun mit der Sprechstundenhilfe zu teilen, die sich aber nicht darauf einlassen wollte. Ich könne ja in ein Krankenhaus gehen, teilte sie mir mit.

Da würde das bestimmt gehen. Beim Hausarzt nicht. Und dann wollte sie wissen, warum ich jetzt so dringend meine Blutgruppe wissen müsste, denn die letzten siebenunddreißig Jahre sei sie mir ja auch ziemlich schnuppe gewesen. Ich entband mich selbst von meiner Schweigepflicht und sagte ihr (Ich gebe zu, leicht angesäuert), dass ich so gut wie auf dem Sprung nach Afghanistan sei und – falls ich dort in die Luft gesprengt oder abgeknallt werden sollte – ich doch sehr gerne meine Blutgruppe wüsste. Da hat sie ganz tief und geräuschvoll eingeatmet und einfach aufgelegt.

Kurze Zeit später klingelte mein Telefon. Meine Hausarztpraxis. Ich nahm ab, um die Entschuldigung entgegenzunehmen, die allerdings ausblieb. Stattdessen erfolgte ein längerer Anschiss. Man könne akzeptieren, dass ich als Komiker schon etwas *anders* sei als andere Patienten, aber die arme Sprechstundenhilfe mit dieser Gruselgeschichte von Afghanistan zu Tode zu erschrecken, dass würde ja wohl doch eine Spur zu weit gehen. Auf so einen Blödsinn würde doch kein normaler Mensch kommen, sagte mir mein Arzt.

Aus diesem Grund kenne ich meine Blutgruppe bis zum heutigen Tag nicht.

Jetzt ist der Bekordelte auch der Meinung, dass ich dringend meine Blutgruppe in *Camp Warehouse* bestimmen lassen sollte. Daraus wird aber nichts, weil mir wieder einfällt, dass die schöne Ärztin ja auch eine Einladung beim besagten Abend-Termin beim Mister-ich-mache-hier-einfach-mal-eine-Gegenveranstaltung-Oberst hat. Gut, denke ich mir, dann machen wir jetzt wie geplant weiter und drehen beim Pfarrer. Amen.

Grüß Gott, Herr Pfarrer

Uns ist bereits vor der Reise klar gewesen, dass wir nicht nach Afghanistan fliegen würden, um bei den ISAF-Truppen Witze mit Schlagworten wie *Bombenstimmung* oder *jeder Gag ein Knaller* zu machen. Das wäre billig und würde auf nichts hinauslaufen.

Jetzt steht der Dreh mit dem Pfarrer an. Der Militärpfarrer ist groß und insgesamt eine imposante Erscheinung. Er trägt ein Harley-Davidson-Armband. Aber er ist nicht etwa vom Rocker zum Pfarrer geworden. Irgendwie war er schon immer beides, sagt er, deswegen habe er auch Motorradgottesdienste organisiert. Davon hatte ich gehört. Der Herr Pfarrer hat auf seiner Schulter keine Punkte oder Zeichen, sondern ein Kreuz. Dieses Dienstzeichen gefällt mir persönlich bislang am besten. Sein Büro hebt sich schon alleine äußerlich von den anderen dadurch ab, dass seine Tür mit lauter kleinen Zetteln vollgeklebt ist. Auf dem größten steht, man solle die Seele einfach mal baumeln lassen. Der Herr Pfarrer hat eine tiefe, ruhige Stimme, und man mag ihn sofort. In seinem Raum ist es ungefähr ein halbes Grad kühler als draußen. Ich beginne direkt zu schwitzen – das kann ich an dieser Stelle eigentlich nicht schreiben, denn ich schwitze ja bereits den ganzen Tag aus allen Poren. Im Büro des Pfarrers stehen schwarze Ledersofas, es gibt einen Kühlschrank und einen richtigen Kaffeevollautomaten. Nur wenn man aus dem Fenster guckt, sieht man wieder Stahl, Beton und Stacheldraht. Ansonsten könnte sich dieser Raum auch überall sonst auf der Welt befinden. Er strahlt Normalität aus. Ich denke mir, dass es genau das ist, was die Soldaten suchen, wenn sie zu ihm kommen, um sich ihren Frust von der Seele zu reden.

Unser Ziel war es, mit so viel Videomaterial wie möglich zurück nach Hause zu fahren. Von meinem Kameramann, der, wie bereits erwähnt, schon einmal monatelang für die ARD in Afghanistan bei deutschen Soldaten gedreht hatte, erfuhr ich, dass sein Material damals von den militärischen Stellen täglich gesichtet und oft schon vor Ort gelöscht worden war. Darauf hatten wir uns eingestellt und sicherheitshalber mehrere Festplatten mitgenommen, auf die wir von Anfang an fleißig das soeben gedrehte Material überspielt haben. Fregattenkapitän Roland war bei all unseren Drehs dabei, machte aber nie den Eindruck, dass ihm irgendetwas missfiel. Wir wurden nicht zensiert, obwohl die Dreharbeiten auf viele Beteiligte äußerst grotesk gewirkt haben müssen. Nicht weil ich mich über die Soldaten lustig gemacht hätte, sondern weil ich einfach an deren militärischer Autorität gekratzt habe. Dieser ständige Druck, sich in jeder Situation an starre Regeln halten zu müssen, erinnert an das jahrhundertealte Zirkusschema *Weißclown und dummer August*. Mein ständiges Infragestellen vom Sinn militärischer Hierarchien oder Befehlsketten und die daraus entstehende Entlarvung dieser Albernheit wurden absolut gebilligt. Und somit haben die Soldaten mir unbeabsichtigt viel mehr über ihr System preisgegeben, als wenn ich sie, zum Beispiel, einfach nur schroff angegangen wäre.

Einzig beim Dreh mit dem Militärpfarrer kam vom Fregattenkapitän Roland die knappe Ansage: *Treib es mal nicht zu bunt, Krömer!* Gemeint war eine Szene, in der ich mit dem Pfarrer allein auf seine Stube verschwand und nach wenigen Minuten schallendes Gelächter aus dem Container ertönte.

Dem Fregattenkapitän wurde die Situation anscheinend zu brenzlig, und das erste und einzige Mal während unseres Besuchs zückte er sein Notizbuch. Keine Ahnung, was er sich notiert hat. Wovor hatte er Angst? Dass mir der Pfarrer etwas über traumatisierte oder verstorbene Soldaten erzählt und ich mich darauf ausschütte vor Lachen?

Dabei habe ich die angebotene Sprechstunde des Pfarrers nur genutzt, um mich über mein suboptimales Verhältnis zu meinem Nachbarn in Berlin auszulassen. Wir schaukelten uns hoch und einigten uns darauf, dass man das doch alles mit Humor nehmen müsse. Genau, Herr Pfarrer. Für Kurt Krömer, den Komiker, ein zufriedenstellender Rat. Und als Privatperson kam noch eine Erkenntnis dazu: Sogar in dieser Kriegssituation sollte man alles schön mit Humor nehmen.

Soll ich Ihnen mal sagen, worin für mich ein Unterschied zwischen dem Anfang meiner Karriere und jetzt liegt? Früher habe ich nächtelang zu Hause am Schreibtisch gesessen und mir Geschichten buchstäblich ausgedacht. Geschichten, die ich in Wirklichkeit nie erlebt hatte. Ich musste mit der Zeit feststellen, dass die Geschichten, die tatsächlich passiert waren, viel besser beim Publikum ankommen. Wahrscheinlich weil sie mit Seele und Leben gefüllt sind. Und ich habe gelernt, dass in allem, was tragisch ist und wirklich stattfindet, viel mehr Komik liegt als in ausgedachten Dingen. Und dass unsere Welt sowieso schon dermaßen krankt, dass man eigentlich nichts Neues dazuerfinden muss.

Ich bin Komiker, und mich interessiert, was in Afghanistan wirklich vor sich geht. Ich bin nicht hier, um mich als Kriegs-Journalist zu profilieren oder um Schlagzeilen auszugraben. Nicht um den Finger zu erheben und zu sagen: Schaut her, ich habe die Antworten. Mich interessiert immer nur, den ganz normalen Alltag zu erleben. Und der findet natürlich auch hier statt. Und das Bedürfnis zu lachen ist hier sogar stärker ausgeprägt, als ich es irgendwo sonst erlebt habe.

Ich denke auch an die andere Seite, jenseits der Truppen, jenseits dieser Mauern. Wie sieht das Ganze die afghanische Bevölkerung? Wird dort auch gelacht? Kann man nach dreißig Jahren Krieg überhaupt noch über irgendetwas lachen?

Peter Kümmel

Über dem Lager liegt das Dröhnen der Generatoren, die von alten Schiffsmotoren betrieben werden. Es ist ein mächtiges Geräusch, und bei Nacht hat man das Gefühl, man reise auf einem Dampfer.

Im Guten wie im Unerträglichen: es entsteht ein Zusammengehörigkeitsgefühl, wie man es von daheim nicht kennt. Alle essen, trinken, inhalieren dasselbe; alle fürchten dasselbe Ungeziefer, viele haben Schlafstörungen, denn im Lager hat es tagsüber 42, im Sommer auch mal 48 Grad, nachts werden die Baracken von Klimaanlagen gekühlt, deren Rotoren sich direkt neben dem Kopf der Schläfer drehen.

Der deutsche Spieß (Kompaniefeldwebel), ein zupackend herzlicher Mann, empfängt uns: er ist zu Hause in der Eifel ehrenamtlich als Bürgermeister eines Dorfes tätig, und er tut, was er kann, damit »die Jungs« vom Kontingent das Camp in den vier Monaten ihres Aufenthaltes wie ein halbwegs heiles Dorf erleben.

Der afghanische Präsident Karzai, so geht das Gerücht, habe sich von den deutschen Soldaten in Camp Warehouse eine Limousine schusssicher verpanzern lassen, und einen speziellen Wunsch habe Karzai auch gehabt: Man möge ihm den Innenboden des Wagens mit Kunstrasen auskleiden. Also, sagt der Spieß, habe man Kunstrasen besorgt, und vermutlich fährt der afghanische Präsident nun nur noch barfüßig Auto.

Krömer tritt abends im deutschen Klub namens Wolfsgrube auf. Der Name habe, sagen die Soldaten, nichts mit Hitlers Wolfsschanze zu tun, sondern sei eine Verneigung vor dem Klub-Gründer, einem Mann, der zu Hause in Deutschland eng mit Wölfen zusammenlebe.

Die Wolfshöhle

Als ich aus dem Container des Pfarrers herauskomme, stehen die anderen schon in der Raucherecke. Ich stelle mich etwas abseits, weil sie alle im Schatten stehen und ich nichts gegen ein bisschen Sonne habe. Der Fregattenkapitän zieht mich zu sich heran. Ich schaue ihn an. Was ist los? Will er mir heimlich etwas ins Ohr flüstern? Nein. Er weist mich nur noch einmal darauf hin, dass wir hier nicht im Hof eines Hotels im Süden sind, sondern in Afghanistan. *Wir stehen nicht irgendwo rum, sondern wir suchen uns Ecken. Nicht wegen der Sonnenbrandgefahr, sondern weil es immer jemanden jucken könnte, ins Lager reinzuschießen. Selbst wenn gerade Mohnernte ist und die Bauern müde sind.* In der Schule haben wir uns früher zum Rauchen in die Ecke verzogen, damit die Lehrer uns nicht sehen. Hier stellen wir uns um die Ecke, um nicht von einer Kugel getroffen zu werden. Schön, erwachsen zu sein. Ich ziehe den Rauch tief ein und stelle mir vor, jemand hätte mir ein Loch durch die Brust in die Lunge geschossen. Und der Rauch kommt dann da raus. Aber würde man den überhaupt sehen? Oder nur Blut? Ich will da eigentlich besser nicht dran denken.

Ein ankommender Soldat weist mich darauf hin, dass wir im Anschluss an die Raucherpause noch in die *Wolfshöhle* müssen, wegen des Soundchecks für heute Abend. Ich bin einigermaßen verstört. Was denn bitte die *Wolfshöhle* sei, will ich wissen. Das wäre so eine Art Freizeitgelände mit Bar und Tresen und Sitzgelegenheiten für alle Soldaten. Mich wundert der Name. Wolfshöhle erinnert mich doch stark an Wolfsschanze, und das erinnert mich irgendwie an Hitler. Ich frage nach, ob sie den Namen nicht irgendwie komisch fänden, aber man sagt mir, dass das ein ganz gängiger Name für solche Veranstaltungsorte sei. Rassismus bei der Bundeswehr? Ist mir bis jetzt noch nicht begegnet. Liegt vielleicht auch an meinem Team, an den Kameras, an dem Journalisten der ZEIT.

Der Soldat neben mir heißt Thorsten und ist Feldwebel. Auf seiner Jacke steht nur sein Nachname. Seinen Dienstgrad weiß ich, weil ich inzwischen weiß, dass der Haken das Zeichen für Feldwebel ist. Zwei Haken sind Oberfeldwebel. Und dann kommt Hauptfeldwebel, dann Stabsfeldwebel und dann Oberstabsfeldwebel. Bis man im Ernstfall das Wort ausgesprochen hat, ist man doch längst erschossen. *Achtung, Herr Oberstabsfeld ... PENG!*

Deswegen kürzen die Soldaten wohl auch ziemlich viel ab. Sie sagen zum Hauptfeldwebel einfach Hauptfeld. Und wenn er eine gelbe Kordel trägt, geht es noch schneller. Dann sagen sie *Spieß*. Oder *Mutter*. Es gibt da allerdings

keine festen Regeln, denn zum Feldwebel sagen sie zum Beispiel nicht *Feld*.

Zur *Wolfshöhle* muss man dann wieder einmal über das
komplette Camp-Gelände. Ich habe überhaupt keine Ahnung mehr, wo ich genau bin. Erst als Pino seinen Laptop
geholt hat, bemerke ich, dass die *Wolfshöhle* direkt an der
Kompanie liegt.

Die *Wolfshöhle* ist ganz und gar nicht so, wie man sich irgendetwas vorstellt, das *Wolfshöhle* heißt. Sie sieht eher aus
wie eine Art Mallorca-Bar in Afghanistan. Anstatt Schnaps-
werbung an den Seiten gibt es Tarnnetze.

Im Außengelände der *Wolfshöhle* steht die Bühne.

Ein paar Soldaten stellen bereits Stühle auf. Man rechnet
mit ungefähr hundertfünfzig Zuschauern heute Abend. Es
könnten eigentlich hundertsiebzig sein, aber der feine Herr
Oberst hat ja zur Gegenveranstaltung geladen.

Die Bühne ist an den Seiten und hinten mit Tarnnetzen ausgekleidet. Auf ihr stehen ein Stuhl und ein Tisch. Alles, was ich für mein Programm brauche.

Ob man jetzt in Camp Warehouse (vor hundertfünfzig Leuten) auftritt oder in Berlin (vor tausendfünfhundert), ist insofern ein Unterschied, dass man in Berlin ein Dach über dem Kopf hat und kein Tarnzelt. Man hat auch weniger Sand zwischen den Zähnen, weil es in den meisten Veranstaltungsräumen und Theatern in Deutschland keine aufziehenden Sandstürme gibt. Generell ist der Frauenanteil bei zivilen Auftritten größer, und die Leute sind eher leger gekleidet. Ich hatte, glaube ich, noch nie zuvor einen Uniformierten im Publikum, außer vielleicht die obligatorischen Feuerwehrleute, die mein unvermeidliches Rauchverhalten überwachen und sich ansonsten gratis amüsieren. Denn ein weiterer Unterschied ist, dass die Zuschauer in Berlin Geld bezahlt haben, um die Show zu sehen. Hier musste keiner bezahlen. Dieser Unterschied wirkt sich insofern aus, als dass die Leute, wenn sie als zahlende Zivilisten zu mir kommen, viel angespitzter sind zu lachen als hier in Afghanistan. Hier hatten sich zwar ein paar Soldaten gewünscht, dass der Krömer mal auftreten soll, aber viele kennen mich überhaupt nicht.

Na, wenn heute sonst nix los ist außer Playstation spielen, dann gucken wir uns den halt mal an.

Was ich sagen will: Hier in Camp Warehouse muss man sich die Lacher wie damals zu meinen Anfängen erarbeiten. Mir kommt das absurd vor. So, als wenn meine Karriere in Deutschland den Bach runtergegangen wäre und ich jetzt fernab der Heimat einen Neustart versuche. Ist doch scheißegal, ob ich hier Boden erobere oder nicht. Jemand schreit

Auftritt in der »Wolfshöhle«

die Frage: *Kann man mit so einer Scheiße Geld verdienen?* auf die Bühne. So ein Idiot, denke ich mir. Doch nach zähen fünfundvierzig Minuten bricht allmählich das Eis. *Mit dieser Scheiße verdient man im heutigen Fall überhaupt kein Geld, weil ich für umsonst hier bin,* erwidere ich.

Nach jahrelanger Tingelei auf Straßenfesten, in Bierzelten und Hinterhofkneipen habe ich mir über die Jahre ein dickes Fell angeeignet, sodass mir diese *Wer-hat-die-dicksten-Eier-Spiele* nichts mehr ausmachen. Aber die Frage *Was mache ich hier eigentlich?* spukt mir tatsächlich andauernd durch den Kopf.

Der Auftritt ist vorbei. Die Soldaten wollen auf einmal Zugaben. Ich bin perplex.

Ich stelle mich an die Bar und schreibe Autogramme und lasse Fotos mit mir machen. Die Soldaten haben ihre Berührungsängste mir gegenüber anscheinend abgelegt. Ich habe das Gefühl, dass ich so manchen schon das zweite Mal beim zweiten Bier sehe, ich kann mich aber auch täuschen. Ich wüsste nicht, was ich täte, wenn ich länger hierbleiben müsste.

Peter Kümmel

Es ist ein Auftritt unter freiem Himmel, 150 Männer auf Bierbänken, Wüstensand weht durchs Scheinwerferlicht, und Krömer kämpft. Die ersten Pointen verpuffen, mehrere Minuten lang reagieren die Männer kaum. Später sagt Krömer, er habe sich wie in seiner Anfangszeit gefühlt, als die Leute an seine Komik nicht gewöhnt waren. So ist das nun auch hier: vielleicht 25 Prozent der Männer heute Abend, schätzt Krömer, kennen ihn überhaupt.

Als ein Soldat in der zweiten Reihe ihm zuruft, »mit der Scheiße verdienst du also dein Geld?«, hat Alexander Bojcan Mühe, die Rolle zu wahren: Man merkt für einen Augenblick echte Empörung in der Stimme des aus dramaturgischen Gründen immerzu beleidigten Krömer. Denn er verdient an dieser Reise gar nichts, und das sagt er, so beherrscht wie möglich, dem Soldaten. Der laute Soldat kommt zwecks Verbrüderung nach dem Auftritt zu Krömer: Es sei ein Superauftritt gewesen. Viele steigen am Ende zu ihm auf die Bühne, verwickeln ihn ins Gespräch, denn der Redebedarf ist groß. Gruppenfotos werden geknipst. Krömer macht alles mit, er ist privat ein ziemlich anderer Mann als auf der Bühne: verhalten, abwartend, gar nicht dröhnend.

Jetzt wirkt er entspannt. Aber auf der Bühne war es zuvor anstrengend gewesen. Die Frauen haben gefehlt im Publikum. »Die geben vor, wann gelacht wird und was lustig ist«, sagt Krömer hinterher, »erst lacht die Frau, dann guckt ihr Mann rüber und sieht: sie lacht, dann lach ich mal lieber auch – diese Zündung gibt es hier nicht.«

Während Peter Kümmel mit mir ein Interview führt, das mir sogar Spaß macht, betritt eine Horde Nachzügler den Biergarten. Unter anderem erkenne ich die schöne Ärztin von heute Mittag. Das ist also die berühmte Gegenveranstaltung, die gerade zu Ende gegangen ist und sich nun auf den Weg in die *Wolfshöhle* gemacht hat. Man erkennt sofort, wer der Chef ist. In der Gegenwart von Chefs verhalten sich alle Menschen gleich. Sie scharwenzeln dann immer irgendwie hinter dem König her. Der Herr Oberst hat auch unter seiner Kopfbedeckung die Haare schön. Aufgrund seines Alters tippe ich auf Pomade. Während der Herr Oberst sich bei mir entschuldigt, dass er leider nicht zum Auftritt kommen konnte, machen ein paar seiner Leute Faxen hinter seinem Rücken. Ich muss lachen. Das erste Mal auf dieser Reise geht mir dieser ganze *Militär-Wer-hat-mehr-zu-sagen-Quatsch* gehörig auf den Zeiger.

Wir halten noch einen kleinen Small Talk, dann wende ich mich der schönen Ärztin zu.

Peter Kümmel

Am nächsten Tag fahren wir zurück zum Flughafen Kabul. Im Militärterminal ruft eine melodische amerikanische Frauenstimme die Flüge auf, als befände man sich auf einem Provinzflughafen im Mittleren Westen: Der Flug nach Kandahar ist nun zum Einsteigen bereit, bitte begeben Sie sich zum Ausgang … – und es erheben sich: Männer in Kampfanzug, mit Gewehr, Sturzhelm, schwerem Kriegsgepäck, aber sie gehen betont lässig, als flögen sie für ein paar Tage nach Kalifornien. Wir aber fliegen wieder über den Hindukusch, nach Mazar-e Sharif. Den Sturzflug zur Landung nehmen wir inzwischen hin wie Kenner, wir lehnen uns dem Abgrund entgegen.

In Mazar-e Sharif, genannt »Mazza«, befindet sich Camp Marmal, das nördliche Tor nach Afghanistan. Das Lager wirkt wie ein riesiger, in der Wüste versunkener Containerhafen. Man sieht Tausende Panzer, Transporter, Geschütze zu Füßen des Hindukusch, es ist ein Motiv von großer Traurigkeit: als sei hier ein Feldzug der eigenen Erschöpfung erlegen. Von hier aus soll demnächst der Rückzug der westlichen Truppen aus Afghanistan beginnen, und das einzig Seltsame ist, dass die Amerikaner gerade dabei sind, das Lager auf die doppelte Größe auszubauen: sie klappen es sozusagen an seinem westlichen Ende zur Wüste hin auf.

Der deutsche Verteidigungsminister Thomas de Maizière hat kürzlich über den Abzug der deutschen Truppen aus Afghanistan gesagt, es sei leichter, einen Baum hinauf- als hinunterzuklettern, und was er gemeint hat, ahnt man, wenn man mit den Soldaten in Camp Marmal ins Gespräch kommt.

Man hört viele Geschichten, wie man sie eher auf einem orientalischen Basar erwartet: Man hört, dass die Waffen der Bundeswehr, die von hier aus zu den südlichen Stellungen transportiert werden, nicht etwa von Bundeswehrsoldaten gefahren werden, sondern von afghanischen Truckern, welche an die maßgeblichen Stammesfürsten der Taliban Wegzoll entrichten. Man hört, wie in den Lagern die privaten Dienstleister, die Sicherheitsfirmen, Catering-Firmen, Müllfirmen, Abwasserfirmen ihre Geschäfte machen; dass es darum gehe, hier noch möglichst viel Geld rauszuholen. Lauter verrückte, surreale Kleinstädte seien diese Lager, die mit Essen, Hygiene, Strom, Wasser versorgt werden müssen, bei 45 Grad im Sommer und bis zu -10 Grad im Winter.

Wieder in Mazar-e Sharif

Wir steigen in Mazar-e Sharif aus der Transall. Die Transporte über Land in den Transportfahrzeugen haben sich erledigt. In Mazar-e Sharif liegt der Flugplatz mitten im Camp. Oberleutnant Kerstin begrüßt uns, als hätten wir uns jahrelang nicht gesehen. Peter begrüßt seine Jacke, als hätte er sie jahrzehntelang nicht gesehen. Oberleutnant Kerstin bringt uns in unsere Containerquartiere.

In unserem kleinen Stab herrscht Unruhe. Die BILD hat von meiner Anwesenheit in Afghanistan Wind bekommen und möchte einen Bericht auf die Titelseite bringen. Ich will auf gar keinen Fall einen martialischen Kriegsbericht dort lesen. Kurt Krömer in voller Soldatenmontur, mit Victory-Zeichen auf einem Panzer stehend und am besten noch mit einer Pistole in die Luft schießend. Nein!

Damit sie Ruhe geben, schicke ich ihnen folgendes Foto: Kurt Krömer von der Seite, wie er sich mit einem Soldaten, den man nur von hinten sieht, unterhält. Dieses Foto hätte ich auch zu Hause auf dem Hinterhof machen können. Das hat sich dann wohl auch die BILD gedacht. Es wurde von ihnen nichts über diese Reise gebracht. Sollen doch andere den Krieg hier für Promotion nutzen.

Heute findet in Mazar-e Sharif mein letzter Auftritt statt. Ich gehe schon mal zum Auftrittsort. Sieht alles wie ein einziger großer Marktplatz aus. So ein Marktplatz wie in einem Kurort wie Bad Pyrmont, nur dass hier alles um fünfundneunzig Prozent spärlicher ist. Es gibt hier zwei Attraktionen: eine Mensa mit Essensausgabe und auf der anderen

Foto, das an die BILD-Zeitung ging

Seite ein Tante-Emma-Laden mit Waren für den täglichen Bedarf.

Aber für mich ist es mein größter Auftrittsort in Afghanistan, hier werden die meisten Zuschauer hinkommen.

Platz hätten sechshundertfünfzig Personen. Augenblicklich sitzen hier gerade mal sieben. Wieder muss ich an die *Scheinbar*-Zeiten denken. Tankred sagt mir noch, dass gerade das Eröffnungsspiel der EM im Fernsehen läuft. Na super! Wieder eine Gegenveranstaltung, denke ich. Vielleicht bleiben ja die sieben Soldaten wenigstens sitzen, dann sieht es nachher nicht ganz so ärmlich aus. Aber das Spiel stellt sich dann wohl doch als langweilig heraus. Punkt acht, zum Beginn meines Auftrittes, ist der Marktplatz gerappelt voll.

In meinem alten Programm *Der Nackte Wahnsinn* hatte ich eine Nummer, in der ich jeden Abend eine Frau aus dem Publikum gebeten habe, auf meinem Schoß Platz zu nehmen, um sie dann wüst anzubaggern.

Heute Abend spiele ich vor Hunderten von Soldaten, achtundneunzig Prozent davon sind männlich. Bei dieser Nummer habe ich heute ein Problem, erzähle ich den Soldaten. Ein äußerst kräftiger Soldat kommt auf die Bühne und setzt sich ungefragt auf meinen Schoß. Bist du schwul, frage ich ihn. Ja, antwortet er ganz selbstverständlich, und ich möchte mit dir schlafen.

Wenn sich homophobe Menschen lustig über Schwule machen, ist ihr Tonfall garantiert anders als der des Soldaten auf meinem Schoß. Und wenn schwulenfeindliches Publikum über Diskriminierung lacht, hört sich das auch anders an als das Gelächter in diesem Moment. Ich bin mir nicht sicher, ob Madame auf meinem Schoß wirklich schwul ist, ist auch egal, das war auf jeden Fall gut gekontert.

Das Thema Homosexualität bei der Armee hatten wir schon am ersten Abend angesprochen. Einfach auch, um zu testen, wie weit oder wie groß die Aussagebereitschaft uns

Letzter Auftritt in Mazar-e Sharif

gegenüber ist. Es gäbe schon einige Personen in führender Position, die ganz offen Bilder von sich und ihren Lebensgefährten auf dem Schreibtisch stehen hätten, sagte man uns.

Also mehr Outing als in der Bundesliga. Nächstes Vorurteil: Kaum Frauen bei der Bundeswehr. Aber: Die Frauenquote liegt momentan bei zehn Prozent. Und das Ziel ist es, sagte man uns, den Anteil der Frauen bei der Bundeswehr noch zu steigern. Die Aussagen klangen ehrlich. Also doch nicht in jeder Beziehung altbacken, dachte ich mir.

Ich spiele ungefähr eine Stunde, gebe im Anschluss noch ungefähr zwei Stunden lang Autogramme und verabschiede mich erst, als sichergestellt ist, dass alle ihr Foto bekommen haben.

Peter Kümmel

In Camp Marmal gibt es einen schönen Innenhof, die Arena; in ihr spielt Krömer am letzten Abend. Nun sind etwa 600 Soldaten da, und dieser Auftritt funktioniert am besten. Es ist eine herrliche Nacht, am Himmel zieht eine Transall in die Höhe, das Atrium ist mit bunten Glühbirnen geschmückt wie für ein Betriebsfest, und Afghanistan ist, zugegeben, weit weg. Wir haben es auf unserer Reise gar nicht berührt.

Bojcan lässt noch einmal sein anderes Ich, den Krömer, auf die Soldaten los, zeigt ihn als gewieften Überlebenden des preußischen Obrigkeitsstaates: Hier ist der selbstgerechte, immerzu einschnappende Deutsche, der austeilt, aber nicht einstecken kann. Krömer nimmt den Kameraden ein wenig von ihrem Heimweh, indem er ihnen zeigt, was daheim (auch) auf sie wartet.

Da kommt der *Vorgeschickte*. Ein junger Soldat, der uns mit hochrotem Kopf verkündet, wir seien eingeladen, uns werde in Kürze ein Bus geschickt, der uns dann alle zum *Treffpunkt* bringen wird.

Zwangseinladung, oder was?, frage ich mich. Aber da die Möglichkeit, nach dem Auftritt noch irgendwo irgendetwas zu machen, gen null tendiert, stimme ich dem ominösen Treffen zu.

Die Entführung

Der Rost ist in einer Farbmischung zwischen Olivgrün und Rostbraun überstrichen worden, sodass man das Alter des Fahrzeugs lediglich an der Form der Karosse schätzen kann. Sagen wir mal so, Konrad Adenauer hätte seinem Stapellauf persönlich beiwohnen können.

Auch wenn wir bislang mit Afghanen nicht direkt überkonfrontiert worden sind, so gleicht der Fahrer dieses Defizit mehr als aus. Der Busfahrer ist Mitte dreißig bis Anfang siebzig. Sein Bart ist lang und grau. Seine Augen sind dunkelbraun und er lächelt. Als wir in den Bus einsteigen, begrüßen wir ihn freundlich auf Arabisch und bekommen keine Reaktion. Dann versuchen wir es auf Englisch.

Auf mein erneut freundlich eingebrachtes Salam Aleikum reagieren alle unterschiedlich. Pino schaut mich verblüfft an, Kleo scheint unangenehm berührt, Tankred hingegen sieht aus, als würde er gleich loslachen. Unser Fahrer murmelt etwas. Wir verstehen aber nicht was. Dann dreht er sich um und fährt los.

Hat man ihm schon gesagt, wo wir hinmüssen? Oder hinwollen? Wir sind uns unsicher. Wir versuchen es noch mal mit Englisch.

Hello Sir. We want to go there! Pino zeigt in die Richtung, aus der wir uns gerade entfernen, nicht schnell, mit ungefähr dreißig km/h. Man hatte uns vorhin gesagt, es ginge in ungefähr dreihundert Metern nach links. Dort wäre das Treffen. Wir fahren allerdings definitiv nach rechts. Der Fahrer interessiert sich nicht besonders für das, was wir zu sagen haben. Er geht völlig darin auf, seinen Bus zu fahren. Er fährt so: erster Gang, zweiter Gang, vierter Gang, Rückspiegel, zweiter Gang, vierter Gang. Der dritte Gang muss kaputt sein oder wird aus einem anderen Grund von ihm mit Missachtung gestraft. Das wäre eine Sache, die der dritte Gang und wir gemeinsam haben. Wir werden nicht beachtet.

Nous voulons y aller, versucht Kleo es auf Französisch.

Das verpufft aber genauso wie Tankreds Kauderwelsch-Spanisch.

Esta direccion! Derecha! Derecha!

Wieder einmal muss ich die Sache in die Hand nehmen, aber mein zweites *Salam Aleikum* verpufft wieder ungehört.

Ich fasse die Situation kurz zusammen:

Wir wollen zu einem Treffen. Falsch. Wir wissen doch noch gar nicht, ob wir wollen. Wir *sollen* zu einem Treffen. Ein Stabsfeldwebel feiert seinen vierzigsten Geburtstag und seinen tausendsten Tag in Afghanistan. Und man hat uns gefragt, ob wir kommen würden, weil er Krömer-Fan sei und wegen seiner Party nicht zum Auftritt kommen konnte. Und wir sagten zu.

Bis auf Peter. Der steht unter einer Art Bewachung, weil er vorhin, als er sich verlaufen hat, aus Versehen versucht hat, aus dem Camp rauszukommen. Das ist schon irgendwie cool. Aus Versehen aus einer Kaserne laufen. Man hat ihn aber an der Wache abgefangen und unsere Presseleute verständigt. Fregattenkapitän Roland hat uns daraufhin ermahnt, doch bitte *keinen ähnlichen Scheiß* zu machen.

Vielleicht hat man uns deswegen gefragt, ob man uns einen Bus schicken soll, der uns vom Marktplatz abholt und zum Treffen bringt, obwohl der Weg bis dorthin nur ein paar hundert Meter beträgt. Das ganze Camp ist, wenn ich richtig zugehört habe, zweitausend Meter lang und tausend Meter breit. Wir fahren ungefähr dreißig km/h und haben also schon eine Strecke von circa einem halben Kilometer zurückgelegt.

Ich lehne mich zurück und schaue auf die Lichter. Warum sollte man sich Sorgen machen? Unser Fahrer ist ja unterrichtet worden und weiß schon, was er macht. Also schön ruhig bleiben.

Wo fährt der denn hin?, fragt Tankred.

Keine Ahnung! Aber auf jeden Fall in die falsche Richtung, bemerkt Kleo.

Mach mal was, sagen beide zu Pino. Der fackelt nicht lange.

Esta direccion! Derecha! Derecha!

Nous y allons!

Hello Sir. We want to go there!

Da lang, Mister! Da lang!

Der Fahrer würdigt uns wieder keines Blickes. Im Endeffekt hat er ja auch nichts Neues gehört. Das, was er jetzt nicht verstanden hat, hatte er vorher ja auch nicht verstanden. Oder verstehen wollen. Mir kommt ein Gedanke.

Passt auf! Der Fahrer ist gar kein Afghane, sondern ein ganz gemeines Aas, ein Berliner Taxifahrer, der nach Mazar-e Sharif gezogen ist und jetzt hier als Busfahrer arbeitet. Der hinterfotzige Sack versteht jedes Wort.

Ich habe das extra laut gesagt, aber er reagiert nicht. Entweder ist er ein toller Schauspieler oder versteht wirklich nichts. Oder er ist ein Terrorist. Terrorist? Wieso sollte der Mann ein Terrorist sein? Hier mitten im Camp. Tankred ist ganz aufgeregt.

Das ist in letzter Zeit doch schon öfter vorgekommen, dass sich Attentäter in die Camps geschlichen haben, sagt Tankred.

Ja genau, sage ich. *Und die kommen dann und entfüh-*

ren den großen Kurt Krömer und erpressen damit Lösegeld bei Angela Merkel. Und die sagt dann, ich zahle Ihnen das Doppelte, wenn Sie ihn für immer in Afghanistan
behalten.

Was ist das hier eigentlich für ein Bus?, frage ich Tankred.
   Ich glaube, ein Linienbus.
   Ein Linienbus?, echoe ich. Im Camp? Wozu?
   Um die Soldaten zu fahren.
   Aber die haben doch Autos!
   Vielleicht nicht alle!
   Er fährt schneller. Merkt ihr das? Er fährt schneller!, sage
ich.
   Ich bin jetzt kein Speed-Fanatiker, aber ich meine, dass wir
gleich die magische Vierzig-km/h-Grenze passieren.
   Da hinten ist das Tor vom Camp!, bemerkt Tankred.
   Ja. Sehe ich auch. Er fährt aufs Tor zu!
   Im Ernst?, fragt Tankred ängstlich.
   Was soll er sonst machen?, erwidere ich. Die Straße führt
nur geradeaus. Rechts und links sind Gräben. Soll er da rein?
   Was machen wir, wenn er mit uns durchs Tor fährt?, fragt
Tankred.
   Ich schaue auf die Tür. Geht die Tür auf? Wie geht die Tür
auf?, frage ich, mittlerweile leicht panisch. Der Bus hat gar
keine Tür, bemerke ich.
   Können wir abspringen?, fragt Tankred.
   Sollen wir?
   Bevor er uns kidnappt!
   Er wird noch schneller!, merke ich.
   Guckt mal, wie er guckt!, mischt sich jetzt auch Kleo ein.
   Ich springe jetzt!, sagt Tankred.
   Rechts und links liegen Baracken, aber es gibt keine Ein-

fahrten. Der Bus fährt mit ungefähr Tempo 40 geradeaus in Richtung Kasernentor. Das Tor kommt näher, und meine Reisebegleiter stammeln immer noch durcheinander.

An der Wache müssen wir schreien, damit die uns bemerken!, sagt Pino.

Die bemerken das doch, wenn er durch den Schlagbaum fährt!, sage ich.

Meint ihr, die schießen?, fragt Tankred.

Das Tor kommt noch näher. Kurz vorher lenkt unser Fahrer ein und biegt nach links, eigentlich folgt er der Straße. Wir beruhigen uns langsam.

Etwa eine halbe Stunde später lässt er uns dort raus, wo wir eingestiegen sind. Wir gehen zu Fuß zu unserem Treffen. Dort fragt man uns, warum wir nicht mit dem Bus gekommen sind, den man uns geschickt hat. Wir erzählen unsere Geschichte und werden ausgelacht.

Man hatte uns einen VW-Bus geschickt. Der uralte Omnibus dagegen wäre dazu da, die Locals zu ihren Arbeitsplätzen zu fahren. Der fährt immer im Kreis im Camp herum und darf nur in eine Richtung fahren. Der Fahrer hätte uns wohl aus Freundlichkeit mitgenommen. Man könne sich aber vorstellen, dass er uns komisch fand – so wie wir rumgezetert haben –, und deswegen hat er uns einfach wieder zurückgebracht.

Heute haben wir viel über Vorurteile und deren Abbau gelernt, denke ich mir und mache mich mit den anderen auf den Weg zur Party.

Bei der Party des Stabsfeldwebels angekommen, treffen wir auf eine illustre Runde. Es ist der letzte Abend, denke ich und beschließe, die erlaubten zwei Bier zu trinken – fünfmal hintereinander. Die Soldaten haben mir in den verbleibenden drei Stunden selbstverständlich nur zugeguckt, denn alles andere wäre ja verboten gewesen.

Peter Kümmel

Nach seiner letzten Show wird Krömer zu einem nächtlichen Geburtstagsfest eingeladen; Ort der Party ist die Cargo-Abteilung direkt am Flughafen. Soldaten haben sich hier mit Bierbänken, einem Grill und einem kleinen Fußballfeld ein winziges Feriencamp geschaffen: als siedele man an einem Strand, nicht an einem Rollfeld. Ein wenig weiter westlich, am Ende der Piste, starten die Kampfhubschrauber der Amerikaner, hierher kehren sie nach missglückten »Missionen« zurück, und bisweilen laden sie Leichensäcke aus. Es ist drei Uhr nachts, ein Frachtflugzeug aus Aserbaidschan rollt zu seiner Parkposition und bläst im Beidrehen einen heißen Sandsturm ins Lager (...)

Nach dem Frühstück passieren wir ein Schwarzes Brett am Ausgang; dort hängt jeden Tag ein neuer Zettel mit den jüngsten »Vorkommnissen«: 20 tote Zivilisten bei einem Selbstmordanschlag am gestrigen Dienstag, 18 tote Zivilisten bei einem irrtümlichen Luftschlag der Amerikaner. Die wenigsten Soldaten, die hinausgehen, werfen einen Blick auf den Zettel. Krömer steht da und liest, er liest gründlich, dann geht er weiter, es steht noch ein kurzes privates Gespräch mit dem deutschen Generalmajor Erich Pfeffer an, der Krömers Komik offenbar mag.

Die Heimreise

Mächtig verkatert und den Spott über mein Aussehen über-hörend, mache ich mich auf den Weg zum Flieger. Es ist vor-bei, ich darf nach Hause gehen. Morgen werden keine Sol-daten mehr um mich herum sein. Ich muss nicht mehr um Erlaubnis bitten, irgendwohin gehen zu dürfen. Morgen bin ich wieder frei. Ich freue mich.

Während des Fluges nach Deutschland rede ich lange mit Peter, auch über den Artikel, den er für das Magazin der ZEIT schreiben will. Die ganze Zeit über haben wir dieses Interview, glaube ich, vor uns hergeschoben. Keine Ahnung, vielleicht ist das nur meine Wahrnehmung gewesen. Viel-leicht gehört das bei Peter aber auch zu seiner journalisti-schen Dramaturgie.

Mir ist unwohl bei dem Gedanken, jetzt ein Interview ge-ben zu müssen. Mein Kopf ist zu voll. Ich bin nicht lange in Afghanistan gewesen, aber ich habe in der kurzen Zeit trotz-dem viel erlebt. Das alles zieht in diesem Moment noch mal an meinem geistigen Auge vorbei.

Am interessantesten war diese ständige Offenheit. Man musste die Soldaten nur kurz fragen, wie es ihnen geht, und sofort ging es los. Eine Frage, und das Ergebnis war ein stun-denlanger Monolog. Ich erzähle Peter meine Gedanken. Ich habe aber trotzdem durchgehend dieses Gefühl, von den Eindrücken betrunken zu sein. Kennen Sie das, wenn Be-trunkene versuchen, nicht betrunken zu wirken? Das macht dann alles nur noch schlimmer. Mir wird klar, dass das mo-mentan nur wirre Gedanken sind, die aus mir herausspru-deln. Man müsste zu einem späteren Zeitpunkt noch mal sprechen. Wenn sich alles gesetzt hat. Und gar nicht zu

sprechen, würde mir jetzt auch nichts ausmachen. Ich gu-
cke mich um und sehe erschöpfte Menschen, die sich auf zu
Hause freuen. Auf was eigentlich? Auf was freue ich mich?
Auch auf zu Hause. Dass ich wieder machen kann, was ich
will. Ich freue mich, dass es zu Hause Menschen gibt, die
sich auch auf mich freuen. Was ist mit den Soldaten? Wo
gehen die hin? Vier Monate im Ausland, dann wieder Monate daheim. Völlig verstört. Wenn ich schon nach fünf Tagen leicht durcheinander bin, wie muss es dann ihnen nach
vier Monaten ergehen? Viele Ehen oder Beziehungen, hat
man mir gesagt, gehen dadurch kaputt. Ein Soldat hat kurz
vor dem Abflug eine SMS von seiner Freundin bekommen:
Die Beziehung ist zu Ende, ich bin ausgezogen, tschüss.

Ich kann meine Erfahrungen gut verarbeiten. Ich kann
zu Hause von meinem Trip erzählen. Ich kann das gedrehte
Material in meiner Sendung zeigen. Ja sogar ein Buch über
meine Reise schreiben.

Ich verstehe den Krieg immer noch nicht. Ich habe jetzt auch
mehr Fragen als bei der Hinreise. Wenn ich ehrlich bin, verstehe ich diesen Einsatz der deutschen Soldaten immer noch
nicht.

Aber ich verstehe die Menschen. Und ich kann mich in
das Gefühl hineinversetzen, wie es ist, wenn man sich den
Hintern aufreißt und dafür geächtet wird. Soldaten zählen
in Deutschland nur, wenn sie traumatisiert zurückkehren.
Dann finden sie statt. Sogar bei Jauch, Maischberger, Lanz
und Co.

Traurig – aber selbst schuld, lautet die gängige Meinung.

Mir haben Soldaten erzählt, sie wollen nicht bemitleidet
werden. Man muss auch nicht gutheißen, dass sie Soldaten geworden sind, aber man sollte sie bitte nicht vergessen.

Und damit meinten sie nicht einmal uns, die wir keine Soldaten sind, sondern traurigerweise diejenigen Verantwortlichen, die sie in den Krieg geschickt haben.

Ich muss mich noch mal daran erinnern, wie ich in Köln/Bonn in die Bundeswehrmaschine nach Kabul gestiegen bin. Da stieg vor mir ein Soldat mit einer Sporttasche in den Flieger ein, aus der eine Diddl-Maus lugte.

Der Junge war vielleicht zwanzig. Was macht er hier, dachte ich mir. *Er. Dient. Deutschland.*

Diese ganzen Absurditäten gehen mir auf dem Rückflug bis zur Landung in Köln durch den Kopf. Ich bin aufgekratzt, als wäre ich in ein Fass Espresso gefallen, das ich dann vor Schreck auf ex ausgetrunken habe.

Jetzt noch eine Stunde warten, dann noch etwa fünfundvierzig Minuten nach Berlin fliegen. Sonst alltäglich und ohne Probleme machbar. Aber nicht heute. Am liebsten würde ich nach Berlin laufen. Ich werde eh Tage brauchen, um anzukommen.

Ich wollte nie zur Bundeswehr. Jetzt war ich trotzdem da gewesen. Als Gast. Eine Erfahrung, die ich nie in meinem Leben vergessen werde, aber die ich auch kein zweites Mal brauche.

Peter Kümmel

Als wir wieder in Deutschland sind, Wochen später, sagt er: Zu Hause holte mich erst die Angst ein. Mir wurde ganz schwach.

Zwei Wochen nach seiner Rückkehr träumt Krömer auch seinen ersten Afghanistan-Traum: Er hat starke Schmerzen im rechten Bein, sieht nach unten, und das

Bein ist ab, weggesprengt von einer Mine. Seinen zweiten Afghanistan-Traum hat er wenig später: Krömer fährt mit seiner Freundin nach Thailand, er macht aber keinen Urlaub, sondern er muss deutsche Soldaten unterhalten. Und die thailändischen Soldaten sind beleidigt, weil er nicht für sie spielt.

Im Oktober will Krömer noch einmal nach Afghanistan, diesmal nicht mit der Bundeswehr, sondern auf eigene Faust. Und auch diesen Aufenthalt will er filmen. Er will die andere Seite kennenlernen, wie er es nennt, und die Straßen von Kabul entlanggehen, die er nur im Muconpers hinter Panzerglas vorbeiziehen sah. Nicht Zerstörung will er zeigen, sondern den Aufbau. »Dahin gehen, wo's wehtut« – das sei immer sein Weg gewesen. Wehtut es dort, wo das Peinliche lauert. Und vielleicht auch dort, wo die Wahrheit ist. Krömer sagt: »Mal sehen, wie weit ich komme, bis ich merke, dass ich zu weit gegangen bin.«

Das Filmmaterial ist gut geworden. Es ist lustig. Aber mein Hunger nach Erfahrungen mit diesem Land, mit all seinen Konflikten, ist noch nicht gesättigt. Ich will noch mal hin. In den zivilen Teil, nach Kabul. Ich verschweige das vor Tankred und den anderen. Die denken doch sowieso schon, ich hätte einen an der Murmel. Sage ich ihnen dann in ein paar Wochen. Jetzt erst mal in den Flieger nach Berlin. Dort wartet meine Familie auf mich. Ich freue mich.

Zweiter Teil

Zu Besuch in Kabul

Vorwort II

Der Gedanke, ein Buch über meine Erfahrungen in Afghanistan zu schreiben, beschäftigte mich schon bei der ersten Reise. Mir war allerdings klar, dass die Camps der Bundeswehr vor Ort nicht das Land Afghanistan zeigen.

Entschuldigen Sie bitte den infantilen Vergleich, aber die Camps der deutschen Soldaten kommen in dieser Hinsicht jedem x-beliebigen *Robinson Club* irgendwo auf der Welt gleich. Man reist ja auch in diesem Fall nicht, um ein Land kennenzulernen, sondern man will zwei Wochen ausschließlich am Pool sitzen, Animateure um sich herum haben und möglichst durchgehend *deutschen Standard* antreffen.

Was ich damit sagen möchte: Es ist mir, ausschließlich hinter dicken Mauern eingesperrt, nicht möglich gewesen, das gesamte Land kennenzulernen, geschweige denn mit der Bevölkerung des Landes in Kontakt zu treten.

Wir haben ja alle den Blödsinn schlucken müssen, dass wir unsere *deutsche Freiheit* am Hindukusch verteidigen. Und so waren wir, was unsere erste Reise betrifft, ja eigentlich mehr in Deutschland gewesen als in Afghanistan.

Um also das Land und dessen Konflikte zu verstehen, war es unvermeidbar, sich das zweite Mal auf die Reise zu begeben. In den zivilen Teil Afghanistans. Um den Menschen zu begegnen, die diesen Krieg nun seit mehr als dreißig Jahren durchleben müssen.

Schnell stießen wir bei unseren Recherchen im Internet auf den afghanischen Popsänger Farhad Darya und dessen Management, zu dem unter anderen eine gewisse Tabea gehört. Wir nahmen Kontakt zu ihr auf und berichteten ihr über unser Anliegen. Die Idee, uns vor Ort eine eigene Meinung bilden zu wollen, stieß bei ihr sofort auf Wohlwollen. Sie setzte alle Hebel in Bewegung, um mich und mein Team nach Kabul zu holen.

Was würde uns in Kabul erwarten?, fragte ich mich. Wenn man der Berichterstattung des deutschen Fernsehens traut, ist Kabul eine traumatisierte Stadt. Das, was uns erreicht, sind die Nachrichten über Tausende von afghanischen Polizisten, die von deutschen Soldaten ausgebildet werden – und, dass die deutschen Soldaten seit über zehn Jahren in Afghanistan einen Brunnen nach dem anderen graben.

Was jedoch die eigentlichen Opfer dieses Krieges betrifft, nämlich die Bevölkerung, so wird sie oft gleichgesetzt mit den Taliban. Alle Afghanen, so könnte man durch das übermittelte Bild denken, seien Taliban. Dabei muss es dort, obwohl seit Jahrzehnten Krieg herrscht, doch noch so etwas wie *normales* Leben geben, denke ich mir.

Tabea bestätigt meine These. Kabul ist auch eine Metropole, in der das Leben pulsiert und wo tatsächlich auch gelacht und gefeiert wird, schreibt sie uns.

Kabul war einst eine wunderschöne Stadt. In den Siebzigerjahren gab es unter anderem den sogenannten *Hippie-Trail* nach Goa. Viele junge Leute sind damals in bunt bemalten Bussen über Kabul nach Indien gereist.

Wenn man heute eine Reise nach Kabul plant, so sagt mir Tabea, ist das Wichtigste, an ein gepanzertes Fahrzeug zu denken.

Unsere Reise wurde aus Sicherheitsgründen zwei Mal verschoben. Einmal, weil sich etliche Sprengstoffattentäter in der Stadt aufgehalten hatten und somit eine komplette Ausgangssperre für alle Bewohner Kabuls ausgerufen worden war. Das zweite Mal, weil fünf Tage vor unserem geplanten Abflug der Präsident Afghanistans, Hamid Karzai, einige Taliban unter der Anklage, sie seien Kinderschänder, hatte hinrichten lassen. Unruhen und Proteste waren also zu befürchten.

Am 31. Januar 2013 war es dann endlich so weit. Wir machten uns erneut auf den Weg nach Afghanistan.

Ankunft in Kabul

Wir haben mit Turkish Airlines den Luftraum von Kabul erreicht. Frühstück haben wir, wahrscheinlich weil es für das Personal einfacher ist, schon mitten in der Nacht bekommen. Aber wir sind noch nicht gelandet.

Wir kreisen also morgens um acht Uhr dreißig über einem Kriegsgebiet und wissen nicht, warum. Da kommt einem schon der eine oder andere nicht ganz abwegige Gedanke. Ist es zu gefährlich, um zu landen? Haben die Taliban den Flughafen besetzt? Wird da unten geschossen? Haben wir überhaupt genug Kerosin im Tank, um uns lange genug in der Luft zu halten?

Ich versuche mich abzulenken. Lesen. Einen Film auf dem Laptop gucken. In der Tasche wühlen. Doch ich bin zu abgelenkt, um mich ablenken zu können. Für eine halbe Stunde schlafe ich ein. Dann wache ich wieder auf. Wir kreisen nach wie vor über Kabul.

Stunden später landen wir dann tatsächlich. Im Gegensatz zum BER-Flughafen laufen hier die Gepäckbänder einwandfrei. Wir laden unser Zeug auf einen Rollwagen und machen uns auf den Weg nach draußen. Unsere Fahrer und Sicherheitsleute brauchen wir nicht zu suchen. Sie haben uns schon erblickt. Uns stehen, wie man uns im Vorfeld mitgeteilt hat, gepanzerte Fahrzeuge zur Verfügung. Die Autotür ist so schwer, dass ich sie kaum aufbekomme. Dann sehe ich eine Einschussstelle in der Scheibe. Ich frage mich, ob Panzerglas in dieser Stärke zwei Schüsse hintereinander aushält.

Wir sind nun im zivilen Teil von Kabul. Richtig zivil sieht es aber momentan noch nicht aus. Der einzige Unterschied zur ersten Reise ist die Tatsache, dass es diesmal nicht bewaffnete Amerikaner, Deutsche, Franzosen und andere NATO-Partner sind, die die Straßen bevölkern, sondern bewaffnete Afghanen. Hier ist fast jeder bewaffnet. Ob in Uniform oder zivil. Die Männer tragen meist Gewehre.

Auf dem Weg aus dem Flughafen hinaus fährt man durch vier Schranken. Jede Schranke wird von afghanischem Militär und Polizisten bewacht.

Die vorherrschenden Farben sind Grau und Weiß. Grau sind die Mauern vor den Häusern. Anhand der Einschusslöcher sieht man, dass sie schusssicher sind. Weiß ist es, weil Schnee liegt. Im Hintergrund sehe ich hohe Berge. Es sind die gleichen, die ich im Sommer auch aus den Camps heraus gesehen habe.

Wir passieren die letzte Schranke vor dem Ende des Flughafengeländes.

Nach einer Viertelstunde Fahrt durch Kabul kommen wir im Viertel Shahr-E-Now in der *New City* von Kabul an. Die Straßen auf dem Weg dorthin sehen alle ziemlich gleich aus. Alle Häuser haben Mauern mit Stacheldraht, und es steht immer ein Wachhäuschen mit einem bewaffneten Wächter davor. Bei größeren Gebäuden sind die Mauern höher und mit grauen Tüchern, teilweise mit Einschusslöchern, verhängt, und es stehen mehr Wachhäuschen plus Wächter davor. So viele große Gebäude gibt es allerdings nicht. Die meisten sind flach. Oft sieht man auch nur die Mauern und kann lediglich vermuten, dass sich dahinter ein Haus befindet. Ab und zu erkennt man ein Geschäft oder Straßenhändler, die Obst, Wasser oder Brot verkaufen. Manche stehen mitten auf der Straße und klopfen an unsere Scheiben. Man sieht es nur, zu hören ist durch das dicke Panzerglas nichts.

Überall an den Straßenrändern stehen Werbeschilder. Geworben wird fast ausschließlich für das Telefonnetz und eine große Bank.

Unsere drei Geländewagen parken vor einer Mauer mit zwei Einfahrten. Unser Sicherheitschef hupt, schreit und telefoniert gleichzeitig. Dann geht ein Tor auf. Ein bewaffneter Wachmann lädt seine Kalaschnikow durch und schaut zu allen Seiten und auf die gegenüberliegenden Häuser, die Luft scheint rein zu sein. Wir sollen aber noch im Wagen bleiben. Erst steigen aus den einzelnen Autos die Fahrer und Sicherheitsleute aus. Dann sind wir dran. Unsicher betreten wir die Straße.

Wenn man ganz tief einatmet, kann man ein bisschen riechen, wie Kabul ohne Krieg riechen würde. Nach Bergen, Landschaft und Großstadt.

Wir gehen durch das Tor über einen Hof in das Gebäude. Wir grüßen alle Herumstehenden freundlich mit *Salam Aleikum.*

Im Haus riecht es nach Holzfeuer und Gas. Heimelig. Wie damals bei Oma. Unser Gepäck stellen wir in einen freien Raum. Dort stehen zwei große Schreibtische, eine orientalisch angehauchte Sitzgruppe und ganz zentral ein Holzofen, der aussieht wie ein Blechfass, in dem es brennt. Man darf ihm nicht zu nah kommen. Er ist noch heißer als Jorge Gonzalez auf Stöckelschuhen. Auf der Fensterbank liegt eine Pistole, daneben ein volles Magazin. Wir schauen uns an, legen unsere Sachen ab und gehen in den Raum nebenan, um begrüßt zu werden.

In einem Zwischenraum, der mit weißer Ölfarbe gestrichen ist, steht noch einmal der gleiche Ofen wie in dem anderen Zimmer. Zentral ist jedoch ein großer Tisch, auf dem bereits Brot, frisch geschnittenes Gemüse, Tomaten und Zwiebeln stehen. In einer kleinen Schale befindet sich gehackter grüner Knoblauch. Es riecht fantastisch.

Meine Reisegruppe hat sich im Vergleich zum letzten Mal ein kleines bisschen verändert.

Wieder mit dabei ist meine Managerin Kleo mit stündlich zunehmenden Rückenschmerzen. Auch wieder mitgekommen ist mein Realisator Tankred Lerch. Anstelle von Carsten, der eigentlich Marc heißt, ist diesmal Adrian als Fotograf und Kameramann dabei. Weil bei uns alle Kameramänner *Carsten* heißen, wollen wir Adrian auch so nennen. Das will *er* aber nicht. Das Prinzesschen. Alles klar. Wir taufen ihn trotzdem um. Ab jetzt heißt er für uns nur noch *La Fee.*

Unsere Gastgeber sind zu dritt. Da wäre zunächst einmal Christoph. Christoph ist der Vizepräsident von Channel One, dem ersten privat finanzierten TV-Sender Afghanistans. Channel One sendet landesweit Nachrichten und Unterhaltung. Vizepräsident bedeutet, dass Christoph für alles verantwortlich ist. Von der Entwicklung über den Einkauf von Sendungen bis hin zu der Entscheidung, was ausgestrahlt wird.

Bei den öffentlich-rechtlichen Sendern in Deutschland würde es an dieser Stelle einen Stab von bis zu hundertvierunddreißig aktiven Mitarbeitern und ungefähr siebenundfünfzig pensionierten Beamten und Politikern geben. Aber in Afghanistan gibt es keine Rundfunkgebühren. Deshalb kann nur einer den Job machen.

Unser zweiter Gastgeber ist die imposanteste Erscheinung von allen, Bahram. Er ist Musikmanager. Er managt zum Beispiel Farhad Darya, Afghanistans bekanntesten und beliebtesten Sänger. Darya ist ungefähr vergleichbar mit Herbert Grönemeyer in Deutschland.

Bahram ist aber auch für viele andere Musiker und für alles andere, was in Afghanistan mit Musik zu tun hat, verantwortlich. Bahram hat eine Glatze, einen schwarzen Kinn- und Backenbart und er trägt elegante afghanische Kleidung, in Schwarz. Er arbeitet inzwischen auf der ganzen Welt, früher auch viel in Deutschland, zum Beispiel als Tourmanager von Herbert Grönemeyer, aber auch für Udo Jürgens.

Was ist schlimmer, frage ich ihn, *Krieg in Afghanistan oder ein Konzert von Udo Jürgens? Er lacht.*

Die Dritte im Bunde ist Tabea. Sie war im Vorfeld der Reise unsere ständige Ansprechpartnerin gewesen und kümmert sich hauptberuflich um nicht staatlich geförderte

Projekte in Afghanistan sowie, unter anderem, um das Finanzmanagement von Farhad Darya.

Wir werden zu Tisch gebeten. Unsere Gastgeber sind Expats – also Experten (Expatriots) aus dem Ausland, die den Afghanen dabei helfen, nützliche Dinge aufzubauen. Sie haben uns für die nächsten Tage einen Plan ausgearbeitet, der alles enthält, was wir in Kabul sehen und machen sollten.

Der augenblickliche Unterschied zwischen Kabul und Deutschland: Wenn es darum geht, einen Plan abzuarbeiten, muss man hier damit rechnen, dass der Plan jederzeit wegen Bombendrohungen und Selbstmordattentätern umgestellt werden muss. Heute hat man, sagt uns Tabea, schon acht potenzielle Attentäter geschnappt, wir können beruhigt eine Besichtigungstour machen.

Warum?

Wenn mich etwas in meinem Leben anstachelt, dann sind es Leute, die zu mir sagen: *Das kannst du nicht machen.* Dieser Satz tauchte seit dem Beginn meiner Karriere in regelmäßigen Abständen auf. Dieser Satz ist für mich zu einem Gradmesser geworden. Sagt irgendjemand: *Das kannst du nicht machen,* weiß ich immer, dass ich mich gerade auf dem richtigen Weg befinde. Ich weiß dann, dass die Ablehnung nur damit zusammenhängt, dass ich eingetretene Pfade verlasse und etwas Neues beginne.

Zum Beispiel war für mich seit meinen ersten Gehversuchen als Komiker völlig klar, was ich auf der Bühne für

Klamotten tragen würde. Zum Entsetzen meiner damaligen Kollegen war die Modelinie *rumänischer Nuttenpreller* geboren.

Das kannst du nicht machen, sagten damals alle. Du siehst ja aus wie ein Clown.

Irgendwann, nachdem ich mit konstruierten lustigen Geschichten, die ich auf der Bühne erzählt habe, zu oft auf die Schnauze gefallen bin, entschied ich mich dazu, nur noch wahre Geschichten zu erzählen. Meine Geschichten fingen bis dato alle mit dem Satz an: *Guten Tag, mein Name ist Kurt Krömer und ich komme aus Neukölln!*

Nee, sagten die Kollegen, *das kannst du nicht machen, die Zuschauer wollen keine Geschichten aus Armutsvierteln hören.*

Meine ersten Nummern waren damals *Die Eintagsfliege* und *Das Haarwuchsmittel.* Diese Nummern öffneten mir irgendwann, nach jahrelanger erfolgloser Rumtingelei, in ganz Deutschland viele wichtige Türen. Ich war etabliert als der komische Typ aus Berlin-Neukölln. Engagements im Varieté folgten. Studenten, Punks, Leute mit Bock auf Remmidemmi fanden gut, was ich tat. In Berlin ging das, was ich tat, meistens ganz gut durch. Im Varieté in Hannover hingegen nicht so ganz. Dort fürchtete man wegen meiner zwei kleinen Auftritte am Abend um die Gunst des Publikums und wollte mich vorzeitig aus dem Vertrag drängen. Die Begründung war, glaube ich: *Das kannst du hier in diesem Haus nicht so machen.*

Nach einer kleinen juristischen Erklärung meinerseits in Sachen Verträge-die-geschlossen-worden-sind-können-nur-schwierig-gelöst-werden spielte ich zum Entsetzen aller Beteiligten mein Engagement bis zum bitteren Schluss zu Ende. Ich nahm das Geld und kehrte Anfang 2000 zurück nach Berlin. Weitere Anfragen von Varietés blieben bis zum heutigen Tag aus.

Zurück in Berlin, fasste ich den Entschluss, an einem zweistündigen Soloprogramm zu arbeiten. *Das kannst du nicht machen, deine Figur ist doch nach zehn Minuten auserzählt.*

Mein erstes Soloprogramm folgte. *Wir hatten ja damals auch nichts!* Gespielt habe ich es in einem besetzten Haus in Berlin, ausschließlich vor Punks. Keine Polizei, keine Fotos, keine Presse. Eintritt eine Mark neunundvierzig. Die Abende waren immer ausverkauft.

Als ich 2002 den Publikums-Preis im Kabarett *Die Wühlmäuse* gewonnen hatte und diese Aufführung für den SFB (Sender Freies Berlin), dem heutigen RBB, aufgezeichnet wurde, war klar: ich will zum Fernsehen. *Das kannst du nicht machen. Du bist Bühnenkünstler, das, was du machst, kann man unmöglich ins Fernsehen übertragen.* Die *Kurt Krömer Show* entstand.

Jahre später bekam ich ein Rollenangebot im Hebbel-Theater in Berlin. *Das kannst du nicht machen, du bist Komiker und kein Schauspieler.*

Hauptrollen an der Schaubühne sowie der Volksbühne in Berlin folgten. Die Presse war entsetzt, aber das Theater immer ausverkauft.

Dann kam das Kino. Ein junger Regisseur, der in Köln gerade die Filmhochschule absolviert hatte, machte mir das Angebot, die Hauptrolle in seinem Film *Eine Insel namens Udo* zu übernehmen. Ein Debüt-Film. Ich sollte einen Underdog spielen, der mit dem Kurt Krömer, wie man ihn kennt, nicht das Geringste zu tun hatte. Ich wusste gleich, so etwas darf ich nicht machen. Ich sagte sofort zu. Die Zuschauerzahlen beliefen sich auf knapp hunderttausend. Für jeden Produzenten ein guter Grund, aus dem Fenster eines Hochhauses zu springen und sich auf dem Weg nach unten zu erschießen. Für mich nicht. Der Regisseur Markus Sehr zählt noch heute zu meinen besten Freunden, beruflich sind wir beide gut im Geschäft, und die DVD des Films hat in unseren Regalen einen Ehrenplatz. Wir würden den Film genauso noch mal drehen. Auch wenn wir die Meinung der gängigen Presse über so ein Vorhaben erahnen können.

Nachdem ich damals die fünfte Staffel von *Krömer – Die Internationale Show* beendet hatte, war ich mit dem, was ich auf Deutschlands Bühnen und im Fernsehen gemacht hatte, etabliert. Mit meiner Herkunft aus Berlin, mit meinem sonderbaren Klamotten-Stil, mit meinem Humor-Verständnis.

Für die erste Staffel *Krömer-Late Night Show* dachte ich mir: leg die bunten Klamotten ab. Wenn die Presse denkt, dich verstanden zu haben, das Schrille mittlerweile goutiert und dich somit wunderbar in eine Schublade packen kann, fang was Neues an.

Auch deshalb diese Reise nach Afghanistan. Nicht um zu beweisen, dass ich ein harter Hund bin, sondern um künstlerisch neue Türen zu öffnen. Warum sollte ein Künstler, selbst wenn er *nur* Komiker ist, dieses Thema ausklammern, wenn es ihn doch interessiert. Ich gebe zu, das Thema ist unangenehm. Ich habe es oft verflucht, denn die Arbeit an diesem Buch war sehr anstrengend, ich bin dabei nicht selten an meine Grenzen gestoßen. Auf der anderen Seite habe ich aber auch Freude daran, meine Prominenz für etwas Sinnvolles zu nutzen. Auch wenn anfangs beim Sender über die Afghanistan-Einspieler der Fernsehshow gesagt wurde: *Das kannst du so nicht machen. Das ist ein Kriegsgebiet. Da sind*

Soldaten stationiert. Da leben die Taliban. Da gibt es Tote. Aber: Das Vorhaben, kleine Filme vom Besuch bei der Bundeswehr in meiner Sendung zu zeigen, gelang. Die Filme waren weder polemisch noch waren es Propaganda-Filme für die Bundeswehr.

Mit diesem Buch verhält es sich genauso. Wäre es nicht einfacher gewesen, einen Reiseführer über Berlin-Neukölln rauszubringen? Nein. Ich schreibe dieses Buch über Afghanistan. Und vielleicht irgendwann noch weitere. Zum Beispiel *Kurt Krömer, der in einem Indianerdorf in der Hasenheide lebt und dann eines Tages bei Buddelarbeiten zur Errichtung eines Marterpfahls am Hermannplatz auf die Gebeine von Adolf Hitler stößt, anal verkeilt in Hermann Göring.* Ich höre schon die Presse aufschreien, *das kannst du nicht machen.* Schade eigentlich.

Die erste Fahrt durch Kabul

Auch dieses Mal filmen wir wieder. Ich habe mir vorgenommen, eine Dokumentation aus meiner Sicht über den zivilen Teil Afghanistans zu drehen. Da es Aufsehen erregen könnte, mit unseren normalen, großen Fernsehkameras zu drehen, verwenden wir GoPros. Kleine Kameras, die die Größe von Streichholzschachteln haben, aber trotzdem sendefähiges Material liefern.

Wir bekommen die Anweisung, die GoPros nicht sichtbar im Auto anzubringen. Falls wir in eine Polizeikontrolle kommen sollten, würden sie uns weggenommen werden. La Fee dürfe immer so lange filmen, bis einer der Expats ihm sagt, dass er die Kamera lieber schnell verstecken soll. Die erste richtige Fahrt durch Kabul kann beginnen.

Wir sind vorbereitet. Wir wissen, dass wir uns nirgendwohin ohne Begleitung auf den Weg machen dürfen. Wir tragen unauffällige Kleidung, um uns nicht zum Ziel für mögliche Scharfschützen zu machen. Wir werden auch nicht unnötig zu Fuß gehen, sondern stets in gepanzerten Fahrzeugen gefahren werden, um einer eventuellen Entführung zu entgehen.

Tabea erklärt uns, wie so eine Entführung abläuft: Ein Auto wird von zwei weiteren Fahrzeugen in die Zange genommen und zum Stehen gebracht. Dann steigen die bewaffneten Entführer aus und holen sich ihre Geiseln mit Waffengewalt. Wenn diese Glück haben, dann kommen sie gefesselt irgendwo in einen Keller, und jemand bezahlt für sie Lösegeld. Oder die Geisel wird als Druckmittel benutzt, um zum Beispiel Leute aus dem Gefängnis freizupressen. Im schlimmsten Fall werden sie erschossen und irgendwo als warnendes Beispiel auf der Straße abgelegt.

Wieder bemerke ich, wie schon im Sommer beim Besuch der Soldaten, diese Emotionslosigkeit des Vortrags. Krieg härtet ab. Das Sterben gehört, so bestialisch es sich auch anhört, irgendwann zum Alltag.

Wir kommen in unseren Autos nur schleppend voran. Das liegt daran, dass die Straßen in schlechtem Zustand sind, zudem voller Schneematsch und Menschen. Abgesehen davon gibt es auch keine Geschwindigkeitsbegrenzungsschilder. Christoph sagt, man habe es mal mit Ampeln versucht, aber dann wieder aufgegeben. An den ausgeschalteten Am-

Blick aus dem gepanzerten Auto mit Einschussloch

peln stehen jetzt wieder Verkehrspolizisten. Ihre Zeichen sind schwer zu deuten. Falls sie von deutschen Verkehrspolizisten ausgebildet worden sind, müssen diese verheerende motorische Störungen gehabt haben. Es wird gefuchtelt, abwechselnd wild und freundlich geguckt und dann gefahren, irgendwie. Wer zuerst kommt, fährt zuerst. Und wer keine Hupe hat, der hat verloren.

Es ist unsere erste längere Tour mit dem Auto durch die Stadt. Eine Stadt, die wir nicht kennen und in der überall Gefahren lauern. Trotzdem bin ich nach kürzester Zeit so abgelenkt von dem, was ich sehe und erlebe, dass die Angst, es könnte etwas passieren, in den Hintergrund tritt.

Wir fahren einen Hügel hoch. Links und rechts liegen Häuser hinter Schutzmauern, Wachhäuschen, Stacheldraht und Schützentürmen.

Wir fahren durch die Villengegend von Kabul. Im Schnitt

kostet hier ein Haus um die zehntausend Dollar Miete pro Monat. Die Häuser werden meistens von hohen Militärs, Politikern oder Geschäftsleuten bewohnt.

Der Durchschnittsverdienst in Kabul schwankt zwischen hundert und sechshundert Dollar im Monat.

La Fee sitzt vorne auf dem Beifahrersitz hinter dem Einschussloch im Seitenfenster und filmt, was das Zeug hält.

Wenn man von einer Straße in eine andere abbiegt, gelangt man in regelmäßigen Abständen in eine Kontrolle. Meistens sind es private Wachdienste, die die einzelnen Straßenzüge beschützen. Aber ab und an handelt es sich auch um offizielle Kontrollpunkte der Polizei. Wenn wir eine solche Kontrolle passieren, ist das die Prozedur: unser Fahrer sagt etwas zu unserem Sicherheitschef, der Sicherheitschef sagt etwas zu Christoph, und der sagt uns, wir sollen schleunigst die Kamera runternehmen.

Tausende von Eindrücken prasseln auf uns nieder.

Je höher wir den Berg Wazir Akbar Khan befahren, je näher wir unserem Ziel kommen, desto schöner wird der Blick auf Kabul.

Auf dem Berg Wazir Akbar Khan – die zwei Gesichter Kabuls

Das Erste, was man auf dem Gipfel des Hügels sieht, ist ein großes blaues Schwimmbad mit diversen Sprungtürmen, das einst von den Russen gebaut worden ist.

Der Ausblick vom Hügel geht um dreihundertsechzig

Das von den Russen erbaute Schwimmbad auf dem Berg Wazir Akbar Khan

Grad und ist so beeindruckend, dass La Fee beim Filmen zu zittern beginnt.

Es gibt kleine Pavillons und Bänke, auf denen man sitzen und die Aussicht genießen kann. Würden nicht bewaffnete afghanische Soldaten hier entlanggehen, würde man an diesem Ort nie auf die Idee kommen, dass man sich in einem Kriegsgebiet befindet. Es ist wunderschön, und der Schnee macht es angenehm ruhig. Auf zwei abgesteckten Plätzen spielen Kinder und Jugendliche Fußball. Sie beobachten uns und winken uns freundlich zu. Wir winken zurück. Alles ist gut.

Spielende Kinder auf dem Berg

Ein kleiner Junge zupft mich am Ärmel und will, dass ich mit ihm komme. Bahram kommt dazu und erklärt mir, dass der Junge mich zu seinem Bruder bringen möchte, der etwas weiter hinten Tee verkauft. Wir gehen mit. Wir lassen uns Tee eingießen, er schmeckt lecker und wärmt.

Auf einmal werden wir von ein paar Leuten angesprochen. Ich verstehe nicht genau, was sie sagen, jedoch in etwa, worum es geht. Es geht um uns. Was wir hier machen, fragen sie. Bahram spricht mit ihnen und gibt uns zu verstehen, dass wir langsam aufbrechen sollten. Auf meine Frage, um was es geht, kriege ich nur die Antwort *alles gut*. Ich verstehe nicht, aber die Situation scheint brenzlig zu sein.

Kanalisation in Kabul

Zügig verlassen wir diesen Ort in unserem Konvoi, um auf die andere Seite des Berges zu gelangen. Dass die Sonne gerade untergeht, wirkt auf mich irgendwie bedeutungsschwer.

Wir sind auf der anderen Seite des Berges angekommen. Hier wirkt alles sehr improvisiert. Die Wohnhäuser sind aus Lehm und Stroh gebaut. Die Straßen sind nicht asphaltiert, alles ist matschig. Es sieht aus, als wäre man in der Zeit zurückgereist.

Wir erreichen eine Straßensperre. Es ist die erste Sperre, an der wir nicht wie üblich kurz angehalten, sondern sofort durchgewinkt werden. Die Polizisten, so sagt uns Tabea, würden zu ihrem eigentlichen Gehalt noch ein zusätzliches von den Taliban erhalten, damit sie nicht allzu genau kontrollieren, wer von dieser Seite der Berge aus in Richtung Zentrum fährt.

Ich sehe kleine Kinder in zerschlissenen Jacken und in bunten Flip-Flops im Schnee stehen.

Ab und an werden Benzinkanister verkauft. Daneben wird Gegrilltes oder frisch gebackenes Brot oder Gemüse angeboten.

In Gestellen, die man kaum als Käfige bezeichnen kann, befinden sich Hühner und Tauben. An einer Ecke hüten zwei Kinder eine kleine Herde Ziegen.

Die Kanalisation, oder sagen wir lieber Gosse, läuft wie überall in Kabul direkt neben der Straße. Jeder, der in sein Haus gelangen möchte, muss auf einem kleinen Steg aus Brettern über einen Bach aus Exkrementen steigen.

In unserem Wagen ist es still geworden. Sehr still. Manchmal macht man blöde Witze, um Dinge nicht realisieren zu müssen. Hier und jetzt ist keinem danach zumute. Ein kleines Mädchen winkt mit vor Kälte zu Fäusten geballten Händchen unserem Konvoi hinterher. Ich muss weinen.

Bahram sagt, dass diese Seite des Berges, an der wir uns gerade befinden, noch vor ein paar Jahren nicht bewohnt war. Die Menschen, die hier leben, kommen aus anderen Gebieten, aus denen sie vorm Krieg geflüchtet sind. Die meisten haben dort, wo sie herkommen, Berufe und Häuser und eine Familiengeschichte gehabt.

Zehn Minuten später sind wir wieder auf einer belebten Straße. Prächtige Häuser blinken bunt. Es sind die Hochzeitshallen von Kabul. Hier wird geheiratet.

Kabul, die Stadt mit den zwei Gesichtern. Vor dem Berg und hinter dem Berg.

Afghanisches Abendessen

Als wir, noch in Deutschland, mit der Planung der Reise beschäftigt waren, wünschten wir uns, am normalen Alltag der Afghanen teilhaben zu können. Wir fragten also Tabea, ob es möglich sei, mit einer afghanischen Familie zu Abend zu essen, um etwas über ihren Tagesablauf zu erfahren. Und da die Afghanen alle sehr gastfreundlich sind, war das auch in keiner Weise ein Problem.

Unser heutiger Gastgeber heißt Aziz. Er arbeitet für die Regierung.

Tabea sagt uns, dass die Familie von einem durchschnittlichen Gehalt leben muss und weder in einer Top-Gegend noch in einem der schlimmen Stadtteile wohnt.

Unsere Fahrer lassen uns am Treffpunkt aussteigen und fahren dann weg. Man beruhigt uns, die Autos würden wiederkommen, sie sollten nur nicht zu lange und für alle Nachbarn sichtbar vor der Tür herumstehen, weil die Fahrzeuge, in denen wir gefahren werden, auch von Mitgliedern der Regierung oder von Warlords genutzt werden. Das würde zu viele Fragen aufwerfen. Und könnte zu einer Gefahr für unsere Gastgeber werden.

Das Prinzip ist absurd, denke ich: Der eine arbeitet für die Regierung, der andere ist hochgradig kriminell – aber in Kabul fahren sie, wenn auch nicht gleichzeitig, mit den gleichen Autos. Man erklärt mir, dass die Trennung hier nicht so scharf zu ziehen sei.

Bevor man ins Haus eintritt, wird der Hof breiter. Zur einen Seite liegt der Eingang in den Wohnbereich, dahinter separat die Küche, aus der es schon nach Essen duftet. Es riecht nach Reis und Lamm.

Auf dem Hof liegt ein Teppich, auf dem wir unsere Schuhe ausziehen. Am Eingang stehen bereits die Damen des Hauses, um uns in Empfang zu nehmen.

Hierzu sei gesagt, dass es in Afghanistan keinesfalls selbstverständlich ist, dass man, wenn man zum Essen eingeladen wird, auch die Ehefrau und die Töchter des Gastgebers zu Gesicht bekommt oder vor dem Essen kennenlernt, geschweige denn, dass sie an der Mahlzeit im selben Zimmer teilhaben.

Unser Gastgeber sei aber extrem liberal und eine absolute Seltenheit, bemerkt Tabea.

Das sähe man auch schon daran, dass die Töchter keine Angst vor ihm hätten. Man kann deutlich erkennen, dass sie sich über ihren Papa freuen.

Die erste Dame in der Reihe ist die Mutter unseres Gastgebers. Dann kommt die Ehefrau. Er hat nur eine. Man könnte, wenn man genug Geld hat, aber auch ohne Probleme mehrere haben.

Nach der Dame des Hauses begrüßen wir die acht Töchter. Sie sind zwischen drei und neunzehn Jahren alt, sehen alle ihrem Vater sehr ähnlich und sind alle sehr hübsch. Komplett verschleiert ist niemand. Die älteren Mädchen, die Mutter und Großmutter tragen lediglich leichte Kopfbedeckung. Alle wirken eher neugierig als verschüchtert.

Tabea hat die afghanische Familie, so teilt sie uns mit, im Vorfeld extra darum gebeten, dass sie nicht für *Gäste* kochen soll, sondern uns ein normales Essen zubereitet, das es bei ihnen unter der Woche auch ohne Besuch geben würde. Ansonsten, so sagt Tabea, würde sich der Tisch biegen vor lauter Köstlichkeiten. Denn Afghanen würden sich sogar verschulden oder den Rest der Woche selbst nichts essen, um ihrem Besuch das Bestmögliche anzubieten. Afghanen sind gastfreundlich bis zur Selbstaufgabe. Unser Gastgeber Aziz erklärt mir zum Beispiel, dass man in Afghanistan seinen Gast nie fragt, wann dieser wieder geht. Das entscheidet der Gast selbst. Er erzählt mir, dass es passieren kann, dass Familienmitglieder aus den umliegenden Dörfern unangemeldet vorbeischauen und dann monatelang bei ihnen wohnen. Sollten sie dann etwa krank werden und zum Arzt gehen müssen, zahlt die Rechnung stets der Gastgeber. Ich denke an Deutschland. Laut Volksmund endet die Gastfreundschaft bei uns nach drei Tagen. Dann fängt der Fisch zu stinken an.

Gegessen wird in Afghanistan auf dem Boden. Und der ist hier schon üppig gedeckt. Das Tischtuch nimmt fast den ganzen Raum ein. Man setzt sich im Schneidersitz auf den Boden. An der Wand stehen Kissen, an die man sich anlehnen kann. Auf dem gedeckten Tuch stehen schon frisch geschnittenes Gemüse, Joghurt und Gewürze. Für uns hat man auch Besteck ausgelegt, in Afghanistan wird traditionell mit der Hand gegessen.

Tabea erzählt: In Afghanistan, genau wie in jedem anderen islamischen Land, ist es wichtig, einen Sohn zu haben. Man bekommt also so lange Kinder, bis der erste Sohn geboren wird. Das ist auch deswegen wichtig, weil die Frau nicht arbeiten darf, es sei denn, sie ist Ausländerin oder Ungläubige. Oder beides, was bei berufstätigen Frauen in Afghanistan meistens der Fall ist.

Die afghanische Frau bleibt im Normalfall zu Hause. Genau wie die Töchter. Einziger Geldverdiener ist der Mann. Und irgendwann der Sohn. Sollte der Mann sterben und es gibt keinen Sohn, steht die Familie vor dem Aus. Finanzieller Ruin, Armut, Obdachlosigkeit, gar Hungertod sind dann meist nicht mehr aufzuhalten.

Vier der Töchter unseres Gastgebers sind im heiratsfähigen Alter, aber ihr Vater verheiratet sie nicht, solange sie keinen Bräutigam gefunden haben, den sie selbst heiraten wollen. So einen Vater würden sich viele afghanische Mädchen wünschen.

Dann wird gegessen. Es gibt Reis mit Rosinen und Gemüse. Es schmeckt alles unheimlich lecker. Dazu gibt es frisch gebackenes Brot und in scharfer Soße gekochtes und gebackenes Lamm.

Zu trinken gibt es Cola, Fanta und Mountain Dew. Das,

sagt Tabea, würde es allerdings nicht jeden Tag geben. Man sieht es an den Augen der Kinder, die den Blick gar nicht mehr von den Dosen lassen können.

Zwischen den Gängen unterhalten wir uns über Afghanistan. Auch über den militärischen Einsatz. Man erklärt uns, dass der größte Teil der Afghanen in Kabul heilfroh und dankbar darüber gewesen wäre, als die Truppen der Vereinten Nationen die Taliban nach dem 11. September aus der Stadt vertrieben hätten. Doch mittlerweile hätten sie anstatt Unmengen von Soldaten lieber Strom, Wasser und Experten, die ihnen beim Aufbau des Landes helfen. Aufgrund der afghanischen Gastfreundlichkeit äußert sich unser Gastgeber allerdings nicht hässlich über die stationierten Soldaten. Ich hingegen rieche Fisch, der schon seit Längerem stinkt.

Die erste Nacht im Hotel

Anstatt eines Regenschirms hat der Concierge unseres Hotels eine Kalaschnikow in der Hand. Und anstatt eines freundlichen Lächelns werden wir durchdringend gemustert.

Hauptsache – wir sind da.

Schon in Deutschland war klar, dass wir in keinem der bekannten Hotels in Kabul wohnen wollten, in denen Journalisten aus aller Welt residieren und damit ein attraktives Anschlagsziel bieten. Selbst wenn man dort in einem Zimmer im ersten Stock wohnt, um in brenzligen Situationen aus dem Fenster springen zu können – was ist, wenn die Attentäter mit Panzerfäusten arbeiten? Wenn sie von außen wahllos ins Gebäude schießen?

Mein Hotelzimmer

Nein, ich wollte in einem unbekannten Hotel, in einem Gästehaus wohnen, in dem auch Afghanen, die auf der Durchreise sind, übernachten.

Unser Hotel ist vom Büro unserer Gastgeber in etwa fünfzehn Sekunden zu erreichen. Keine zwei Häuser nebenan. Ein Katzensprung. Aber: Zuerst versammeln wir uns im umzäunten Innenhof, der zur Straße führt. Der Sicherheitsmann, der den Innenhof bewacht, entsichert seine Kalaschnikow. Unser Sicherheitschef, der Mann, der für unseren kompletten Aufenthalt in Afghanistan zuständig ist, öffnet das Tor zur Straße. Er geht raus, und nach ein paar Sekunden bekommen wir das Zeichen, dass wir losgehen können. Die Straße – so wie uns erzählt worden ist – ist sehr gut bewacht. Trotzdem schaue ich immer wieder nach rechts und nach links und halte Ausschau nach Scharfschützen. So stirbt man hier doch, oder? Ein schneller, gezielter Schuss in den Kopf. Irgendwo aus einer Deckung, von irgendeinem Dach in der Nähe. Für einen Sprengstoffattentäter wären wir aber eine zu kleine, nicht lohnenswerte Gruppe. Außerdem sind die Leute, die uns auf der anderen Straßenseite begegnen, nicht nah genug an uns dran. Plötzlich schreit einer irgendetwas. Nichts Langes. Irgendein Kommando. Was ist los? Ich verstehe ihn schließlich nicht. In einem Haus, vor dem wir nun stehen geblieben sind, öffnet sich eine Wellblechtür mit einem eingeschnittenen Guckloch. Es erinnert ein bisschen an die Einlasskontrollen der illegalen Hinterhofklubs in den 90ern. Ein Mann tritt heraus und lächelt uns freundlich an. Er macht eine Geste, die mir zu verstehen gibt *hier rein*. Wir passieren die Wellblechtür und stehen nun in einem quadratmetergroßen Vorraum. Irgendwo wird ein Knopf gedrückt. Das Schloss einer weiteren Wellblechtür öffnet sich. Nach einem kurzen Weg durch einen sehr engen, dunklen Flur stehen wir in der Lobby des Hotels, dessen Einrichtung, ich weiß nicht zur welcher Zeit, vor dreißig oder vierzig Jahren, schon mal bessere Tage gesehen hatte.

Gleich wird Quentin Tarantino aus irgendeiner Ecke auf mich zu rennen und mir vor Wut an die Gurgel springen, da ich gerade mitten in die Dreharbeiten zu seinem neuesten Film hineingeplatzt bin, mitten in die Hotelkulisse, die für zig Millionen Dollar aufgebaut worden ist und die, wenn ich nicht ins Set gelaufen wäre, nun wenige Sekunden später in die Luft gesprengt worden wäre.

Wenn sie noch leben würde, hätte ich aber auch in einer Theaterkulisse von Heidi Kabels *Ohnsorgtheater* stehen können, die gerade an einer Neuauflage von *Tratsch im Treppenhaus* probt.

Die Lobby ist dunkel. Zu sehen ist eine Sitzecke aus Ledersofas, auf denen zwei Afghanen sitzen und sich, während sie sich unterhalten und Nüsse essen, ein drei Tage altes Bundesligaspiel über einen nagelneuen Flachbildschirm, der an der Wand hängt, angucken.

Kommentiert wird das Spiel von einem sehr bekannten afghanischen Moderator, der, wie man uns erklärt, aus Mangel an Moderatoren in Afghanistan so gut wie alles an- und abmoderiert, was nicht bei drei auf den Bäumen ist. Überall auf dem Boden befinden sich kleine rote Plastikschüsseln, die durch die Decke tropfendes Wasser auffangen.

Wir bekommen unsere Schlüssel und gehen durch die Lobby. Dabei kommen wir an einem kleinen, spärlich eingerichteten Frühstücksraum vorbei. Zwei Tische mit jeweils drei Stühlen. Hinten an der Wand steht ein Frühstücksbüfett. Darauf steht deutlich erkennbar eine Thermoskanne, genau das gleiche Modell wie bei uns in Deutschland, denke ich.

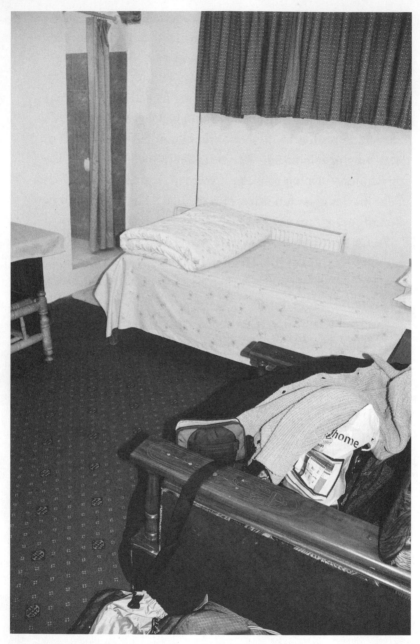

Mein Hotelzimmer

Wenn ich morgens irgendwo am Set stehe, signalisiert mir diese Thermoskanne immer, *drück mich, in mir befindet sich ein wohlschmeckendes, heißes, braunes Serum, welches dich wachküssen wird.* Hurra, denke ich mir, morgen nach dem Aufstehen wird es Kaffee geben.

Der Mitarbeiter des Hotels führt uns zu einer Glastür, die zum Hinterhof geht. Alles ist wie überall in Kabul umringt von hohen Mauern und Stacheldraht. In der Mitte des Hofes befinden sich ein Swimmingpool und ein etwa drei Meter hohes, umzäuntes, aus Stein gebautes Vogelhäuschen, in dem es sich ein Dutzend Tauben bequem gemacht haben.

Die Afghanen lieben Tauben. Sie stehen für Freiheit, sagt mir der Hotelmitarbeiter und führt mich dabei in den hinteren Trakt des Hotels. Hinterer Trakt mit Sicht nach hinten. In Deutschland wäre das ein willkommener Grund, sich in derselben Sekunde in die Beschwerde-Hotline von TUI einzuwählen, um mal ordentlich Dampf abzulassen. Aber nicht in Kabul.

Lass mal alles ruhig schön hinten sein, denke ich mir. Lass hohe Mauern um mich sein, sodass man mich in meinem hinteren Trakt, in meinem hinteren Zimmer, erst ganz zuletzt findet, bevor man mich erschießt.

Der Hotelmitarbeiter öffnet mir die Tür meines Hotelzimmers. Ich stehe in einem circa zwei Meter fünfzig mal zwei Meter fünfzig großen Raum. Ein Bett, ein Tisch, ein Stuhl, fertig ist die Laube. Die Einrichtung des Zimmers erinnert mich an die letzten Bilder von Osama bin Laden bei CNN, wie er dort auf dem Boden seines Zimmers hockt und Fernsehen guckt. Genau die gleiche Einrichtung. Die Angst, dass er doch nicht tot ist und gleich bei mir aus dem Wandschrank springt, ist groß. Ich schaue nach und bin erleichtert. Ich bin alleine in meinem Zimmer. Die Heizung ist so laut, dass ich erst denke, über dem Hotel kreist ein Helikopter. Trotzdem ist es elend kalt. Ich streiche über die Heizung und merke, dass sie äußerst introvertiert ist. Sie heizt nach innen. Für sich selbst.

Weiter geht's ins Bad. Getrennt werden die Räume nur von einem Duschvorhang. Bei der eingehenden Betrachtung hier kommt mir meine Zeit als Gas- und Wasserinstallateur zugute: ich schaue den Heißwasserboiler an und kombiniere haarscharf. Da die unten aus dem Gerät gehenden Zulaufrohre zur Dusche und zum Waschbecken gekappt sind, ist es ein Ding der Unmöglichkeit, hier heute eine heiße Dusche zu nehmen. Es ist erstaunlich, wie schnell Bedürfnisse über den Haufen geworfen werden können. Alles nicht wichtig, denke ich mir. Und das mit der Heizung, das ist auch kein Problem. Dann gehe ich halt in Klamotten pennen. Das habe ich damals, als ich in Berlin-Neukölln auf dem zweiten Hinterhof gewohnt habe und kein Geld hatte, um mir Kohle für meinen Ofen zu leisten, auch immer so gemacht. Ich schreibe hier ein Buch und drehe für eine TV-Dokumentation. In keiner dieser Medien wird klar werden, dass ich jetzt schon stinke und dass im Laufe der Zeit noch einiges an Geruchsexplosionen dazukommen wird. Ein Gutes hat das Zimmer: man kann hier drin rauchen, bis man umfällt. Ich klappe meinen Laptop auf und stelle ihn auf einen Stuhl, den ich ans Bett ziehe. In voller Montur, mit der Bettdecke bis zum Hals zugedeckt, schaue ich noch zwei Folgen meiner mitgebrachten US-Serie. Ich rauche dabei und esse zollfreie Weingummis. Den Wandschrank, dessen Türen ich offen gelassen habe, habe ich ständig im Blick. Hier versteckt sich heute keiner mehr, denke ich mir, und schlafe ein.

Besuch eines TV-Senders – Channel One

Obwohl es in der Nacht nicht geschneit hat und die Straßen für Kabuler Verhältnisse okay sind, bewegen wir uns wieder in Schrittgeschwindigkeit durch die Stadt.

Wir fahren ungefähr zehn Minuten und biegen dann in die Einfahrt zu Channel One in Kabul ein. Hinter einem Tor kontrollieren Wachleute unser Auto, dann fahren wir weiter in Schlangenlinien um fette Absperrungen aus Zement und Stahl herum.

Das Zentrum von Channel One ist ein Wohnhaus mit Nebengebäuden. Der Parkplatz ist klein. Die meisten Fahrer warten bei ihren Fahrzeugen, weil immer umrangiert werden muss, wenn ein neues Auto parken möchte.

Zuerst werden wir uns mit Christoph und seinem Chef treffen, damit die beiden uns einiges zu Channel One erzählen können.

Wir sitzen nun im Büro des Begründers und Besitzers von Channel One, Fahim Hashimy. Eine sehr elegante, aber nicht aufdringliche Erscheinung.

Christoph hat uns gestern schon ein paar Sätze zu Fahim Hashimy gesagt. Er hat Millionen mit Benzinverkäufen verdient und danach die Group One gegründet. Zur Group One gehören Channel One und weitere Medienunternehmen.

Ich trinke Tee, schaue mich um und höre zu. Christoph erzählt von den Formaten, die Channel One zeigt. Jede Stunde gibt es Nachrichten. Regional, national und international. An eigenen Formaten gibt es unter anderem eine Koch- und eine Late-Night-Show. Sie kaufen aber auch Serien aus dem Ausland ein, zum Beispiel *Alarm für Cobra 11*.

Na ja, denke ich mir, Fehlgriffe beim Kauf von Serien können weltweit passieren.

Ein Format interessiert mich besonders. Es heißt *Die Maske*. Eine Sendung, in der man pro Folge jeweils eine Frau sieht, die durch eine Maske unkenntlich gemacht ist. Die Frauen, die in diesem Format auftreten, erzählen dann über Geschehnisse, die sie ungeschützt in der Öffentlichkeit niemals aussprechen dürften. Es geht meistens um schreckliche, für uns unvorstellbare Dinge. Gewalt, Vergewaltigung und Unterdrückung.

Natürlich ist diese Sendung reißerisch. Aber andererseits dient sie auch der Aufklärung und zeigt vielen Frauen in Afghanistan: schaut her, ihr seid nicht alleine.

Christoph zeigt uns einen kurzen Ausschnitt von *Die Maske*. Wir verstehen natürlich kein Wort, aber was wir sehen, verstrahlt eine düstere Stimmung. Ich schaue Kleo an. Sie schaut mich an. Wir müssen schlucken.

Channel One soll sich irgendwann durch Werbung selbst finanzieren. Christoph nennt uns den momentanen Werbepreis pro Minute, und ich hoffe, dass Mr Hashimy sehr viel Geld mit Benzin verdient hat, um noch lange durchzuhalten.

Alle Mitarbeiter des Senders sind von Christoph persönlich angelernt worden. Denn hier in Afghanistan gibt es aufgrund des Krieges keine Filmhochschulen oder Vergleichbares. Alles, was die Mitarbeiter bei Channel One können, haben sie sich untereinander und selbst beigebracht. Die Mitarbeiter lernen in ihrer Freizeit und bilden sich weiter.

Sie sind fast alle Anfang zwanzig. Viele von ihnen kommen bei der Arbeit zum ersten Mal mit dem anderen Geschlecht in Berührung und wissen nicht, wie sie mit so einer Situation umgehen sollen.

Die beiden erzählen uns die Geschichte einer jungen Mitarbeiterin, die morgens früh aufsteht, um ihre Geschwister zu versorgen, dann den Haushalt für ihren Vater und seine drei Frauen führt, dann zur Uni geht, mittags in den Sender kommt, dort arbeitet, um abends dann nach Hause zu hetzen, um für die Familie einzukaufen und zu kochen. Und wenn dem Vater irgendetwas nicht passt, wird sie geschlagen.

Aber die Arbeit bei Channel One macht ihr Spaß. Die Arbeit und der Umgang mit den Kollegen gibt ihr das Gefühl, etwas Nützliches zu tun.

Mr Hashimy verabschiedet sich von uns, und Christoph schlägt vor, eine Runde durch den Sender zu drehen, damit wir uns ein eigenes Bild machen können.

Vor dem Haus ist eine Veranda. Auf dem Weg in die Studios bleiben wir stehen, um eine Zigarette zu rauchen und die Informationen zu verarbeiten.

Als wäre es das Selbstverständlichste der Welt, zeigt Christoph auf ein hohes Gebäude, ein Hotel, nebenan und erzählt von ein paar Scharfschützen, die sich im Monat zuvor in einem Haus verschanzt hatten, um dieses Hotel stundenlang unter Beschuss zu nehmen.

Wir beginnen unseren Rundgang mit Bildern von dem angeschossenen *Kabul-Star-Hotel* im Kopf und besichtigen die Nachrichtenredaktion. Hier sitzen junge Leute, Männer und Frauen, an Computern und texten und schneiden.

In einem kleineren Fernsehstudio darf ich auf dem Platz

Hotel »Kabul Star«

des Nachrichtensprechers Platz nehmen. Ich schaue mir die Texte für die nächste Sendung auf dem Teleprompter an. Entweder ist das Dari oder Paschtu. Auf jeden Fall kann ich es nicht lesen.

Das ganze Studio hat mit Sicherheit ungefähr fünfundzwanzig Millionen Euro weniger gekostet als das Nachrichtenstudio des ZDF, aber es funktioniert wunderbar. Auch wenn der Moderator hier nicht wie Hui Buh, das Schlossgespenst, durchs Bild wandern kann.

Im großen Studio findet alles andere statt. Da wird in einer Ecke eine tägliche Koch-Show aufgezeichnet, in einer anderen Kulisse die Sendung *Die Maske*. Und abends übernimmt ein afghanischer Komiker, und es wird eine Late-Night-Show ausgestrahlt. Alles in einem Studio. Die jeweiligen Kulissen werden auf dem Flur oder dahinter aufbewahrt.

Wir gehen in Christophs Büro, und nach einer letzten Zigarette verabschieden wir uns. Wir müssen weiter. Gleich sind wir mit Bahram in einem Kebab-Restaurant verabredet.

Im Kebab-Restaurant

Ein amerikanischer, ein russischer und ein afghanischer Soldat stehen jeweils vor ihren Generälen. Es soll festgestellt werden, wie hart sie im Nehmen sind. Der amerikanische Offizier schießt seinem Soldaten einen Scheitel. Er blutet am Kopf. Der Offizier fragt ihn: *Und? Schmerzen?* Der Soldat antwortet: *Nein, Sir. Warum auch? Ich bin gut ausgebildet und habe ja keine Wunde!*

Der russische Offizier schießt seinem Soldaten einen

Streifschuss an den Arm. Er blutet. Der Offizier fragt ihn: *Und? Schmerzen?* Der Soldat antwortet: *Nein, mein Herr! Warum auch? Ich bin ja gut ausgebildet und nicht verwundet!*

Der afghanische Offizier schießt seinem Soldaten in den Fuß und fragt ihn: *Und Schmerzen?* Der Afghane antwortet: *Nein. Warum auch? Ich bin ja nicht verwundet!* Der afghanische Offizier guckt verwundert und fragt nach. *Warum nicht? Ich habe dir gerade sämtliche Zehen weggeschossen? Nein,* sagt der Soldat, *ich habe Schuhgröße 41, und meine Stiefel sind 45.*

Wir sitzen im Kebab-Restaurant, als Bahram uns diesen Witz erzählt. Er erzählt ihn gut und er erzählt ihn lustig. Ich muss lachen. Kleo grinst auch vor sich hin, ich glaube aber eher, weil sie wegen ihrer Rückenschmerzen vollgepumpt mit Medikamenten ist. Wir beschließen beim Essen, dass sie morgen nach Hause fliegt.

Der Kebab besteht aus gegrilltem, mariniertem Lammfleisch und Leber. Er schmeckt unglaublich gut. Mit einem Stück heißen Brot wischt man das Fleisch vom Spieß und tunkt dann alles in eine Marinade aus Öl, Pfefferschoten, Knoblauch und Koriander. Den Reis dazu essen wir mit der Hand, wie alte Hasen.

Unsere Fahrer und Sicherheitsleute essen an den Tischen vor uns. Ihnen schmeckt es sichtbar auch.

Wir unterhalten uns über Musik in Afghanistan, und Bahram erzählt von Farhad Darya und einem kürzlichen Konzert in Kandahar. Darya macht Rockmusik auf Afghanisch mit orientalischen Einflüssen. Er singt von seinem Land, von Freiheit, Brüderlichkeit und Liebe. Die Afghanen lieben seine Musik und seine Texte. Zu diesem Konzert, so viel war klar, würden auch Fundamentalisten kommen, die ebenfalls seine Musik mögen. Um keinen unnötigen Ärger zu provozieren, hatten sich Bahram und Farhad Darya als Veranstalter gegen zu harte Kontrollen entschieden. Wenn jemand wirklich Übles will, dann hat er sowieso die Möglichkeit und die Mittel dazu, Waffen an Wachen vorbeizuschmuggeln. Und vor einem Konzert alle zehntausend Besucher zu röntgen, steigert auch nicht gerade die Stimmung. Deswegen bestand die Hoffnung der beiden darin, dass Musik das kann, was die Politik im Moment nicht schafft: für Frieden zu sorgen.

Auf einmal standen am Einlass eine Handvoll bewaffneter Taliban. Man wollte sie nicht hereinlassen, aber Farhad Darya bat darum, es doch zu tun. Und so geschah es, dass einer der Taliban zu Bahram kam, ihm seine Pistole in die Hand drückte und sagte: *Das ist meine Pistole. Wenn meine Freunde etwas Falsches tun, dann erschieß mich!*

Das Konzert lief von Anfang bis Ende friedlich ab. Niemand wurde erschossen. Bahram erzählt, dass Darya auch schon mal ein Konzert nur für Frauen gegeben hat. Dort hat er sich bei den Frauen dafür entschuldigt, wie Männer sie in diesem Land behandeln.

Wir beschließen, dass Bahram und Farhad Darya für uns Helden sind.

Besuch im Spozhmai-Hotel am Kargah-See

Auf dem Plan heute steht der Besuch des Spozhmai-Hotels am Kargah-See. In diesem Hotel gab es 2012 einen Anschlag der radikal-islamistischen Taliban. Die Begründung der Taliban lautete *Sittenverfall*, man hätte dort *unislamisches* Verhalten registriert. Damals hielt in der Dunkelheit vor dem Hotel ein kleiner Bus mit vier schwer bewaffneten Kämpfern. Sie stürmten das Hotel und schossen auf alles, was sich bewegte. Das Massaker dauerte zwölf Stunden. Am Ende gab es, inklusive der Angreifer, sechsundzwanzig Tote.

Mit *Sittenverfall* meinten die Taliban, dass sich dort Journalisten, Diplomaten oder einfach junge, unverheiratete afghanische Pärchen zum Liebesurlaub träfen. Dass die Gäste dort Alkohol tränken und dass dort *wilde Partys* gefeiert würden.

Nach fünfundvierzigminütiger Autofahrt und dem Passieren zweier Sicherheitskontrollen erreichen wir das Spozhmai-Hotel. Der Torbogen mit Schriftzug des Hotels, den wir mit unseren Fahrzeugen durchfahren, ist immer noch übersät von unzähligen Einschusslöchern. Ich erblicke zwei Wachmänner, die die Auffahrt des Hotels bewachen. Beide tragen Kalaschnikows. Wir betreten das Hotel, das in den Fünfzigerjahren erbaut wurde. Man führt uns durch das Hotel auf die Terrasse. Ich bekomme ein Déjà-vu. War ich hier irgendwann schon mal? Ich glaube nicht. In meinem Unterbewusstsein sind es, glaube ich, eher noch die Bildfetzen im Kopf von damals, als ich die Berichterstattung über das Attentat zu Hause im Fernsehen gesehen habe. Ein Hotel im leichten Bauhaus-Chic, beste Lage, an einem wunderschönen See. Das Panorama, die Optik des Hotels hätten als Kulisse für neunzig Prozent aller Musikfilme von Peter Alexander dienen können.

Es war traumhaft, sagt mir Bahram, der hier am Kargah-See geboren wurde. *Ich war damals oft mit meinen Eltern hier und habe gespielt. Und ich kann mich auch erinnern,*

144

dass mein Vater damals offiziell Alkohol getrunken hat,
fügt er hinzu.

Während die Kellner uns die Terrasse mit Sitzmöglichkeiten herrichten und uns Kaffee machen, bittet mich Bahram, mit ihm zu kommen. Wir betreten das Restaurant des Hotels. Ein leerer Raum mit ungefähr sechs unbesetzten Tischen. Bis auf den einen hinten links. Dort, am hinteren Teil des Panorama-Fensters mit exklusivem Blick auf den See, sitzt ein junges Pärchen. Beide sind um die fünfundzwanzig, sie ist nicht verschleiert, ihr Kopf ist allerdings leicht mit einem Tuch bedeckt. Als kleiner Fachmann in Sachen Religion, für den ich mich mittlerweile betrachte, weiß ich, dass die Sittenfrage der beiden Verliebten hier äußerst laissez faire gehandhabt wird. Offensichtlich Liebesurlaub, so viel steht fest, denke ich mir. Wenn die beiden noch nicht verheiratet sind, stellt das in den Augen der Taliban eine Todsünde dar. Liebesurlaub Unverheirateter, ganz Paris müsste man sprengen, um so etwas zu unterbinden, denke ich mir.

Die beiden blicken uns an, als hätten wir sie ertappt. Ich komme mir wie eine gluckenhafte Mutti vor, die, kurz bevor ihr Sohn seine große Liebe das erste Mal küsst, ins Kinderzimmer platzt und fragt, ob jemand noch Kekse und 'ne Limo will.

Ich schaue auf die Wand, die sich hinter den beiden befindet. Eine mit bunten Kreisen bemalte weiße Wand. Die Kreise haben unterschiedliche Durchmesser, im Schnitt zwischen zehn und zwanzig Zentimeter. Es wirkt so, als wenn jemand überdimensionales Konfetti genommen und gegen die Wand geschmissen hat, wo es dann wie durch Zauberhand komplett hängen geblieben ist. Bahram guckt mich an und sagt: *Das sind die Einschusslöcher der Gewehrkugeln. Die Mitarbeiter haben sie zugespachtelt, Kreise drumgezo-*

gen und sie bunt bemalt. Ich sehe auf einmal keine bunten Kreise mehr, sondern rund einhundert Einschusslöcher. Von Menschen verursacht, deren einziges Ziel es war, hier ein Blutbad anzurichten. Um wahllos Menschen abzuschlachten. Mir wird schlecht, und ich gehe raus an die frische Luft.

La Fee kommt zu mir und sagt, er sei jetzt so weit, wir könnten drehen. Mir ist immer noch schlecht, und ich denke: was mache ich hier eigentlich? Was mache ich mit einem Kameramann an diesem Ort? Ich komme mir vor wie einer dieser schmierigen Boulevard-Journalisten, die davon leben, den ganzen Tag in der Scheiße anderer Leute rumzuwühlen. Immer mit dem Ziel, irgendetwas *Spektakuläres* zu finden. Schockierende Bilder, Prominente in peinlichen Situationen, Bilder, auf denen man sich dann einen runterholen kann, wenn man sie im Kasten hat. Wo man dann gestochen scharfe Fotos hat von dem Motorradfahrer, der bei einem Unfall auf der Autobahn gerade seinen Kopf verloren hat. Warum drehen wir hier überhaupt? Keiner hat mir hierfür einen Auftrag erteilt. Ich bin Komiker und kein Journalist. Kein Sender wartet zu Hause auf diese Doku.

Ich würde dir hier gerne ein paar Fragen stellen, sage ich zu Bahram. La Fee macht die Kamera an. Ohne dass ich ihm eine Frage stelle, fängt Bahram an zu reden. Er beantwortet die von mir nicht gestellte Frage, warum er westlichen Journalisten keine Interviews gibt. Bahram vertraut mir, er redet vor der Kamera mit mir. Ich weiß nicht, warum, aber vom ersten Tag an, als ich ihn kennengelernt habe, hatte ich das Gefühl, wir würden uns schon seit einer Ewigkeit kennen.

Du gibst keine Interviews, sagte ich zu ihm, *weil die Berichterstattung, egal, wie lange und ausführlich du mit den Journalisten redest, immer nur auf das zusammenge-*

kürzt wird, was man sowieso schon weiß ... Bahram nickt mir zu.

Journalisten kommen zu dir, führen ein zweistündiges Interview, und die Quintessenz dessen ist dann doch wieder nur: Afghanistan ist gleich Krieg, Soldaten, Tote, Taliban, allenfalls noch Heroin. Schön auf einen kleinen Beitrag zusammengeschnitten, der die Marke von einer Minute dreißig nicht übersteigt. Bei dem man dann mal kurz die Chipstüte beiseitelegt, gebannt zuschaut, sich beim Gang zum Kühlschrank denkt, die spinnen doch, die Moslems, um dann, mit einem Bier in der Hand, spätestens beim Beginn des Musikantenstadls, wieder alle weltpolitischen Probleme zu vergessen.

Bahram lächelt und nickt mir erneut zu.

Weltweit die gleiche Scheiße, sage ich zu Bahram. Nun lachen wir beide.

Wir kommen auf das Massaker im Hotel zu sprechen. Bahram erzählt mir, dass es an jenem Abend 2012 im Hotel gar keine ausschweifende Feier gegeben hatte. Es war auch kein Alkohol ausgeschenkt worden. Er sagt, als die Taliban im Nachhinein davon erfuhren, habe es ihnen leidgetan. Zwölf Stunden Gefecht, sechsundzwanzig Tote. *Das tut uns aber leid.* Für die Taliban kein Problem. Denn nicht nur die Selbstmordattentäter, sondern auch die unschuldigen Zivilisten, die bei solchen Anschlägen mit in den Tod gerissen werden, würden ohne Umschweife in den Himmel kommen und von Jungfrauen umringt sein.

Ich muss auf die Toilette, der beißende Ammoniakgestank, der in der Luft liegt, gibt mir den Rest. Ich übergebe mich.

Ein Gespräch mit Sibghatullah Modschaddedi

Am Abend zuvor hatte uns Bahram gefragt, ob wir Interesse hätten, Sibghatullah Modschaddedi zu interviewen. Ich muss zugeben, dass ich im ersten Moment nicht wusste, von wem er sprach.

Bahram zeigte uns im Internet dann einige Bilder von Sibghatullah Modschaddedi, und ganz langsam fiel bei mir der Groschen.

Er war der Anführer der Nationalen Befreiungsfront Afghanistans, unter den Sowjets inhaftiert und ein paar Jahre im Exil. Nach dem Zerfall der UdSSR wurde er dann 1992 für wenige Monate der erste Präsident des islamischen Staates Afghanistan. Die Taliban wiederum stellten ihn kalt, und erst nachdem diese aus Kabul vertrieben waren, konnte er in die Politik zurückkehren. Seit 2005 ist er der Vorsitzende der *Nationalen Kommission für Frieden in Afghanistan*.

Wir waren begeistert, als wir uns seinen Lebenslauf anschauten. Allerdings: warum sollte so ein Mann mit mir sprechen wollen?

Bahram lächelte und rief ihn an. Die beiden redeten. Natürlich habe ich kein Wort verstanden. Als Bahram auflegte, lächelte er noch mehr.

Du bist morgen um Viertel vor drei mit Modschaddedi verabredet. Nach seiner Besprechung mit dem amerikanischen Botschafter.

Doch auch nach mehreren Hinweisen, dass ich kein politischer Journalist bin, lässt Bahram nicht locker. *Wenn man die Möglichkeit hat, egal, ob Komiker oder Journalist, in Kabul mit Sibghatullah Modschaddedi zu sprechen, dann muss man das tun!*, fügte Bahram mit einem Ton hinzu, der jegliche Widerworte ausschloss.

Nun sitzen wir also im Auto und biegen in eine engere Straße, um auf das Grundstück von Modschaddedi zu fahren.

Ich habe die Hosen gestrichen voll. Aus Respekt vor diesem sechsundachtzig Jahre alten Mann. Was um Himmels willen soll ich diesen Mann fragen?, schießt es mir andauernd durch den Kopf.

Wir passieren einen Friedhof. Es wird gerade jemand beerdigt. Überall auf dem Weg parken Autos, und Trauergäste steigen aus. Der Friedhof liegt an einem kleinen Hügel und sieht mit dem Schnee auf den Grabsteinen sehr friedlich aus. Wir fahren im Schritttempo vorbei, um kurz danach in eine kleinere Straße einzubiegen.

Hier, sagt Bahram, *wohnt Modschaddedi*. Ich schaue aus dem Fenster. Modschaddedi wohnt nicht in einem Haus, sondern in einer streng vom Militär bewachten Siedlung.

Eigentlich in einem kleinen Dorf in der Stadt. Wenn Modschaddedi sein Haus verlässt, dann nur in einem Konvoi von Panzerwagen.

2006 gab es einen Anschlag auf ihn. Er hat viele Gegner, die ihn lieber tot als lebendig sehen würden. Was jetzt schon klar ist, Sibghatullah Modschaddedi ist kein gewöhnlicher Sechsundachtzigjähriger. Er geht weder Enten füttern noch macht er Busreisen zum Gardasee. In seinem Wohnzimmer wird aktiv Politik gemacht.

Wir fahren durch das erste Tor in die Siedlung. Man erkennt zwar unseren Sicherheitschef, aber trotzdem werden Spiegel unter die Wagen gehalten. Bewaffnete Sicherheitsleute mustern uns, und erst dann dürfen wir durch. Auf einem Parkplatz steigen wir aus und sammeln uns. Wir sind alle ein bisschen aufgeregt. Hinter dem Parkplatz geht es durch ein Wachhaus. Hier werden unsere Sachen geröntgt, und wir müssen durch eine Schleuse und werden abgetastet. Die Wachen wissen, dass ein Filmteam kommt, und prüfen uns nur auf Herz, nicht auf Nieren. Wir dürfen durch und gehen ein Stück die Straße hoch, bis wir vor einem größeren Eingang stehen. Vor diesem Eingang stehen Menschen, die sich die Schuhe ausziehen. Ich will es ihnen gleichtun, werde aber von Bahram weitergeschubst.

Warum soll ich mir nicht die Schuhe ausziehen, wenn die anderen es auch machen?, frage ich ihn. Seine Antwort ist klar wie simpel. *Weil es kalt ist.*

Also lassen wir unsere Schuhe an und werden in einen Warteraum voller altertümlicher Sofas und Sessel geführt. Ich frage mich, wer hier wohl alles schon gesessen hat. Frau Merkel? Herr Westerwelle? Frau Clinton? Herr Putin?

Wir bekommen von einem freundlichen Herrn Tee serviert. Er schenkt uns ein. Zur Einnahme des Getränks kommt es aber nicht mehr. Wir werden abgeholt und über einen weiteren Hof durch einen neuen Eingang geführt. Hier gibt es noch mal die Möglichkeit, sich seiner Schuhe zu entledigen. Ich schaue Bahram an, der schüttelt den Kopf. Wir gehen weiter und gelangen über eine Art Veranda direkt in das Wohnzimmer von Sibghatullah Modschaddedi. Wieder überall Teppiche. Die Couchgarnitur ist gemütlich, und überall stehen kleine Beistelltische. Auf einem ist ein großer Strauß weißer Blumen platziert. In einer Ecke steht ein bärtiger Wachmann.

Modschaddedi steht auf und schüttelt uns die Hände. Er sieht freundlich und humorvoll aus.

Er begrüßt uns auf Deutsch: *Herzlich willkommen!*

Außer Bahram und mir sind noch Kleo, La Fee, Tankred, Tabea, Christoph und fünf weitere Wachleute und

Bedienstete im Raum. Wir sitzen da und sagen erst mal nichts. Ich weiß nicht, wie ich das erklären soll, aber die Situation ist so: Auf der einen Seite sitzt ein Mann, der sein Leben für die Freiheit seines Landes aufs Spiel gesetzt hat. Ein Mann, dem Zehntausende in einen Krieg gefolgt sind. Die ihm ihr Leben anvertraut haben in der Hoffnung, dass er das Richtige tun wird. Ein Mann, der Gelehrter und Krieger zugleich ist. Einer, der in der Lage war zu erkennen, wann er was durchsetzen kann. Ein Mann, der in der Lage war, seine Feinde trotz deren blutbeschmierter Hände zu begnadigen und der mit sechsundachtzig Jahren immer noch versucht, die wichtigen Männer seines Landes auf einen Friedenskurs zu bringen. Und ihm gegenüber sitzt ein deutscher Komiker.

Mich jetzt hier über diesen Mann lustig zu machen – danach steht mir nicht der Sinn. Ich könnte auch auf Pseudo-Journalist machen, die Technik beherrsche ich: viel sagen, aber keine Inhalte liefern.

Das ist ja eine der goldenen Regeln beim Fernsehen: Nie ins Stocken kommen, das Gespräch immer am Laufen halten, sodass ja niemand merkt, dass man dem Thema eigentlich nicht gewachsen ist. Man könnte ja auch nur ein ganz normaler Mensch sein. Da werden dann Pausen mit Fehlermachen gleichgesetzt. Durch die Missachtung dieser goldenen Regel bin ich übrigens im Fernsehen zum Meister der gesetzten Pause geworden.

Und Pause und Schweigen ist jetzt hier im Büro von Sibghatullah Modschaddedi auch gerade angesagt. Ich weiß nicht, was ich ihn fragen soll!

Dann stellt uns Tabea erst mal alle vor und bedankt sich für die Audienz. Modschaddedi lächelt. Es würde hier nicht um eine *Audienz* gehen, sondern um einen Besuch von deutschen Freunden, sagt er. Denn Bahrams Freunde seien ihm immer herzlich willkommen. Wie auf Stichwort bringt ein Angestellter Tee und Poloni.

Sehr gut, mit vollem Mund spricht man nicht. Das ist jetzt quasi eine entschuldigte Pause.

Ich denke darüber nach, warum bei ihm ein Kurt Krömer eher einen Interviewtermin bekommt als, sagen wir mal, eine Antonia Rados? Das liegt daran, dass man Komiker in Afghanistan sehr schätzt. Und warum auch nicht, denke ich. Ich bin kein Enthüllungs-Journalist wie Günther Wallraff, kein Schriftsteller wie Ernest Hemingway. Ich bin Kurt Krömer, egal, wie meine Karriere bislang verlaufen ist, im tiefsten Inneren bin ich immer noch das Arbeiterkind aus Berlin-Neukölln. Und sollte ich jetzt versuchen, mich hier als der neue Peter Scholl-Latour zu profilieren, wäre das lächerlich und peinlich. Auf den kleinsten gemeinsamen Nenner gebracht, müsste meine Frage lauten: *Sehr geehrter Herr Modschaddedi, wann ist die ganze Scheiße hier vorbei?* – Punkt.

Aber da ich gelernt habe, dass man in so einer Situation – ich sitze einem gelehrten und weisen Menschen wie Sibghatullah Modschaddedi gegenüber – Kraftwörter vermeiden sollte, lautet meine erste Frage:

Herr Modschaddedi, wann kann ich mit meiner Familie Badeurlaub in Afghanistan machen?

Modschaddedi schaut mich verschmitzt an. Zuerst bedankt er sich bei allen Deutschen, die bislang, sei es als Soldat oder als Experte, in Afghanistan geholfen haben. Er versichert mir, dass er seit Jahren an meinem Wunsch arbeite und es auch weiterhin tun werde. Sehr wichtig ist ihm, zu er-

Nach dem Interview mit Sibghatullah Modschaddedi

wähnen, dass der Friedensprozess in Afghanistan durch den pakistanischen Geheimdienst ISI immer wieder sabotiert werde. Dieser unterstütze die Taliban bei allen Bemühungen gegen Afghanistan.

Da mein Buch über Afghanistan ausschließlich in Deutschland erscheinen wird, interessiert mich, ob Sibghatullah Modschaddedi den in Deutschland lebenden Afghanen etwas ausrichten möchte.

Er sagt mir, dass er allen Afghanen in Deutschland seine wärmsten Grüße ausrichten lässt und ihnen sagen möchte, dass sie jederzeit in ihrem Land willkommen sind. Und wenn sie woanders eine neue Heimat gefunden haben, dann wäre es schön, wenn sie ihr neu erworbenes Wissen und Können mit den Afghanen zu Hause teilen würden. Auch wenn sie danach wieder in ihre neue Heimat zurückgehen möchten.

Plötzlich schlägt die Tür auf, und ein weiterer Mann betritt den Raum. Er läuft auf Modschaddedi zu und umarmt ihn. Sein bewaffnetes Gefolge bleibt draußen. Ich bin wieder verunsichert, aber man beruhigt mich. Bei dem Mann handelt es sich um Mohamed Alam Ezadyar, den stellvertretenden Parlamentspräsidenten von Afghanistan. Auch mit ihm tausche ich ein paar Höflichkeiten über Deutschland und Afghanistan aus. Modschaddedi fragt mich, ob ich Herrn Ezadyar auch etwas fragen möchte. Ja. Möchte ich, sage ich ihm. Mein Problem ist nur, dass mir in Stresssituationen die guten Fragen immer erst einen Tag später einfallen, füge ich hinzu. Modschaddedi lächelt. Na gut, meint er, dann müsse ich eben morgen wiederkommen.

Am Abend zuvor

Jetzt fällt mir doch noch eine Frage ein. *Wie nimmt eigentlich die afghanische Regierung die Berichterstattung über Afghanistan in Deutschland wahr?*, frage ich Herrn Ezadyar.

Erst einmal problematisiert er, genau wie zuvor Herr Modschaddedi, den ISI und dessen Wirken. Kein Selbstmordattentäter der letzten Jahre wäre aus Afghanistan gekommen, alle kämen aus Pakistan. Dann bedankt er sich für die Frage. Die wäre ihm so noch nicht gestellt worden, und er wäre froh, wenn in Deutschland und allen anderen Ländern das Wort Terror weniger mit den Afghanen als mit dem pakistanischen Geheimdienst in Verbindung gebracht würde. Zum Schluss sagt er, dass die Afghanen mit vielen Ländern Probleme hätten, mit Deutschland nicht.

Wir trinken ein Glas Tee, La Fee macht noch Fotos. Dann verabschieden wir uns.

Die Müllberge von Bagram

Es klopft an meiner Zimmertür. Die anderen sind fertig. Kleo steht mit gepackten Taschen auf dem Flur. Sie sieht elend aus. Hoffentlich kommt sie gut nach Hause. Auf das Hotelfrühstück verzichten wir, nehmen uns nur eine Tasse Kaffee und rauchen eine Zigarette am Pool.

La Fee schaut auf die Wasseroberfläche. Tankred starrt auf seine Füße. Ich spiele mit meinem Feuerzeug. Jeder hängt seinen Gedanken nach. Wir sind nervös und aufgeregt.

Natürlich sind wir nervös und aufgeregt. Was wir heute machen werden, ist grenzwertig.

Gestern Nachmittag, als ich ins Hotel zurückgegangen bin, habe ich dort einen Mann kennengelernt, Omid. Wir kamen ins Gespräch. Er sprach fließend Deutsch, da er lange Zeit in Mühlheim gelebt und gearbeitet hatte, dann aber wieder zurück in seine Heimat Afghanistan gezogen ist. Omid ist Händler, er kauft zum Beispiel Schrott von den Amerikanern und verkauft ihn dann in Kabul weiter.

Er wollte von mir wissen, was der Grund meines Aufenthalts in Kabul sei. Ich erzählte ihm kurz, wer ich bin und dass ich gerade dabei wäre, ein Buch über meine Reisen nach Afghanistan zu schreiben. Die Idee gefiel Omid, und er machte mir einen Vorschlag. *Du solltest dir die Müllberge der Amerikaner in Bagram ansehen und filmen. So was hast du noch nicht gesehen,* sagte er mir. Bagram – die Stadt kam mir vom Namen her irgendwie bekannt vor. Später erfuhr ich, dass das der Ort war, an dem die Amerikaner im Februar 2012 einen Lastwagen voller Korane verbrannt hatten.

Man würde ihn, Omid, dort kennen, und falls die Wachen fragen sollten, wer wir seien, würde er ihnen erzählen, wir seien Großhändler, die auf der Suche nach Schrott sind. Die Idee gefiel mir mehr und mehr. *Ich bin dabei,* sagte ich Omid, der dann allerdings darauf hinwies, dass dieser Ausflug nicht ganz ungefährlich sei. Die Amerikaner hätten natürlich kein großes Interesse daran, dass dieser Umweltskandal an die Öffentlichkeit kommt.

Komplett in afghanischer Montur, mit Tüchern und Paschtu-Mützen, standen wir dann am nächsten Morgen wie verabredet vor unserem Hotel. Omid bog mit seinem Auto um die Ecke und nahm uns auf. Während der Fahrt nach Bagram fragte ich Omid, was eigentlich mit dem Schrott und Müll der deutschen Soldaten passierte. Omid lacht, *die Deutschen sind in dieser Hinsicht sehr deutsch. Die nehmen ihren Schrott wieder mit nach Hause.* Jetzt lachen alle.

Irgendwann biegen wir nach links ab und sind auf einer Straße, die direkt in die Sonne zu führen scheint. Links und rechts befinden sich bewachte Einfahrten, und unser Auto wird gemustert. La Fee muss die Kamera sofort runternehmen.

Nach neunzigminütiger Autofahrt sind wir da. Wir steigen aus.

Von Omid bekommen wir die Anweisung, kein Wort zu sprechen, solange Menschen in unserer Nähe seien. Reden wird ausschließlich er.

Drehen tun wir hier nur mit den kleinen GoPros, und die müssen wir so in unseren Händen verstecken, dass sie niemand sieht. Wir gehen durch eine Einfahrt an den Wachen vorbei. Nichts geschieht, keiner hält uns auf. Wir haben es geschafft, wir sind unerkannt zu dem geheimen Schrottplatz der Amerikaner gelangt. Wir sehen Bagger und Raupen, die durch den Schrott pflügen. Ich war auch schon in Deutschland auf Schrottplätzen, aber etwas in dieser Größe habe ich noch nie gesehen. Hier liegt alles. Kaputte Autos, Ersatzteile und Berge von Schrauben, Klimaanlagen, Kühlschränke, Bootsteile, Längsstreben, Querstreben, Schreibtische, halbe Werkstätten, Rasenmäher, Motoren, Lampen, ausgepackter Schrott, nie ausgepackter Schrott, neu verpackter Schrott, und das alles meterhoch. Wir schleichen uns an Arbeitern vorbei. Es geht weiter und immer weiter. Es ist unheimlich. Tankred geht hinter mir und scheint wahnsinnig zu werden.

Müllberge in Bagram

Er sagt ein Gedicht auf:

Und ich wandere aus den Mauern
bis hinaus aufs freie Feld.
Hehres Glänzen, heil'ges Schauern
ganz voll Schrott ist unsere Welt!

Ab und zu sieht man Schuppen oder Riesenregale, in denen der Schrott schon sortiert worden ist. Ich klettere auf einen etwa dreieinhalb Meter hohen Haufen Schrott und schwenke meine Kamera über die nicht endenwollenden Berge voll nutzlosen Mülls. Schrott, so weit das Auge reicht.

Wir können nicht einmal entfernt schätzen, wie viele Tonnen hier liegen und wofür dies alles einmal bestimmt war. Ob sich noch Giftstoffe in dem Schrott befinden, scheint an diesem Ort das geringste Problem zu sein. Ich schätze die Fläche so groß ein wie fünfzig Fußballfelder.

Fließendes Wasser und Strom, hat man uns gesagt, wünschen sich die Afghanen. Was sie stattdessen hiermit sollen, das verstehen wir nicht.

Auf dem Weg zurück zum Auto sind wir alle schweigsam.

Zurück im Büro, ist man froh, dass wir wieder da sind. Alle haben gerade eine SMS erhalten: Die UN warnt vor Selbstmordattentätern, die sich in der Stadt befinden sollen. White City! Ausgangssperre! Für alle! Wir müssen ab jetzt zu Hause bleiben und dort warten, bis wieder grünes Licht gegeben wird.

White City – mein erstes ernsthaftes Interview

Auch wenn der Vergleich naiv ist, man fühlt sich bei *White City* ein bisschen wie ein Kind mit gebrochenem Bein bei Regenwetter. Man kann nicht raus, und selbst wenn man könnte, hat man nicht die volle Bewegungsfreiheit.

Wir befinden uns im Hotel und setzen uns an den Pool. Der Pool ist, wie das gesamte Hotel, in den Siebzigerjahren gebaut worden und hat deutlich bessere Zeiten erlebt. Bahram und ich nehmen am Rand Platz.

Auf der rechten Seite des Hotelhofs liegt ein großer Haufen zusammengeschippter Schneematsch, von der anderen Seite scheint die Sonne in das grüne Wasser des Pools und bringt es zum Blinken. Direkt vor uns steht der Taubenschlag. Schmutziger Winter, sonniger Frühling und in der Mitte Friedenstauben hinter Gittern. Wenn das mal nicht die Lage in Afghanistan widerspiegelt. Wir bekommen Tee und Nüsse serviert, und ich führe gleich das erste ernsthafte Interview meines Lebens.

KK: Wir wollten eigentlich jetzt auf den Markt gehen. Shopping im Market in Kabul City. Aber jetzt kam die Nachricht von der UN …

Bahram: No movement! Das muss man – leider, sage ich immer –, das muss man ernst nehmen. Die Sicherheit darf nicht Routine werden in diesem Land.

KK: Das heißt, jeder hat eine SMS bekommen, in der steht: »Attentat-Alarm, keiner darf das Haus verlassen.«

Bahram: Das Erfreuliche daran ist, dass die afghanischen Geheimdienstleute hier in Kabul mittlerweile sehr gut sind, sie bekommen viele Informationen in die Hand, und sie benachrichtigen natürlich die Leute: Bitte bewegt euch nicht raus. Das Interessante ist: wenn Taliban oder Al Kaida in Kabul-Stadt ihre Leute verstecken und startbereit sind, benachrichtigen sie meistens selbst die Geheimdienste oder die Stadt oder die UN. »Wir greifen euch in den nächsten 48 Stunden an.«

Gott sei Dank sind die Sicherheitsleute mittlerweile so erfahren und so gut ausgebildet, dass die Attentäter tatsächlich – meistens vor dem Attentat – gestellt werden können. Ich habe dir vorhin Gebäude im Stadtteil Salim Karwan gezeigt. Bevor du hier in Kabul ankamst, vor fünf, sechs Tagen, hat man dort acht Selbstmordattentäter mit militärischen Waffen und Sprengstoff, die sozusagen startbereit waren, aufgespürt. Gott sei Dank. Dies passiert auch mithilfe der Bevölkerung. Man versucht, die Bevölkerung hier zu informieren, sodass die Leute tatsächlich anrufen, sich am ganzen Geschehen zu beteiligen. Denn das ganze Volk leidet darunter. Das ist grausam. Du bist in irgendeinem Stadtteil, und auf einmal gibt es eine Explosion. Dann hörst du die ersten zwei Minuten gar nichts mehr und guckst erst mal an deinem eigenen Körper herab, was passiert ist, ob dir was passiert ist. Du stellst fest, dass dir nichts passiert ist, aber du bist taub. Und dann bekommst du natürlich mit, wie Menschen schreien nach so einer Explosion, dass Menschen verletzt wurden.

Das Schlimme ist eigentlich, dass du nichts dagegen machen kannst. Wie kannst du dagegen kämpfen?

Ein Mensch, der so radikal glaubt, glaubt nach so einem Attentat ins Paradies zu kommen. Er denkt, die Menschen, die er mit sich in den Tod reißt, liegen ihm im Paradies zu Füßen und bedanken sich …

KK: Läuft das über Gehirnwäsche? Werden die vorbereitet über Jahre?

Bahram: Ja! Ja! Das Schlimme daran ist diese Madras-Schule, die in Pakistan im Krieg gegen die Sowjets und die Amerikaner etabliert wurde. Man hat Tausende afghanische und auch pakistanische Kinder in diese Koranschulen geschickt, in denen sie eigentlich gar nicht richtig im Koran unterrichtet wurden. Da wurde einfach auswendig gelernt, und jeden Tag predigte ein radikaler Mullah mehrere Stunden darüber, wie man gegen die Ungläubigen kämpft.

In dem Moment, in dem man beginnt, gegen Ungläubige zu kämpfen, ist man automatisch auf dem Weg ins Paradies. Diese jungen Menschen sind dann eines Tages 20, vielleicht 25 Jahre alt.

Kannst du dir das vorstellen, dass dir jahrelang gepredigt wird, dass du diesen Weg gehen kannst, durch den du glücklich wirst … Natürlich suchen sie dann danach und fragen sich: Wie schaffe ich es, ins Paradies zu kommen?

Dann kommt der Mullah und sagt: *die Ungläubigen sind jetzt in Afghanistan und töten die Menschen, sie durchsuchen nachts ihre Häuser, töten muslimische Frauen und ihre Kinder … jetzt ist der Zeitpunkt.* So kommt es zu diesen Attentaten.

KK: Was sind die Ziele?

Bahram: Das Ziel dieser Menschen ist das Paradies.

KK: Und das konkrete Ziel? Wenn der Taliban oder der Sprengstoffattentäter in Kabul ist, was ist das Ziel? Möglichst viele Menschen?

Bahram: Ja, viele Menschen. Meistens ausländische Autos, ausländisches Militär, aber auch afghanisches Militär. Das ist sehr interessant: In dem Moment, in dem die Verantwortlichen die Täter bei sich einquartieren, befinden sie sich selbst sozusagen an einem sicheren Ort, von dem aus sie selbst bestimmen, wann ihre Attentäter rausgehen.

Denen ist es so was von egal, ob diese Attentäter sofort sterben oder erst nach einer Weile des Kampfes. Hauptsache die Menschen hier, die NATO, Regierungsbeamte oder das Militär werden so dermaßen in Schrecken versetzt, dass sie sagen können: Wir haben unser Ziel erreicht, wir kämpfen unseren Dschihad weiter gegen die Ungläubigen. Das Ziel ist nichts anderes, als Menschen zu verschrecken und die NATO in eine Zwickmühle zu drängen.

KK: Reden ist Silber. Taten sind Gold?

Bahram: Reden? Wie kann man überhaupt mit diesen Menschen reden? Gibt es überhaupt Hoffnung, solche radikalen Köpfe auf menschliche Art und Weise zu besänftigen, sodass sie einfach reden? Was will man ihnen sagen? Und wie? Wollt ihr an die Macht? Es gibt Demokratie, dann lasst euch einfach wählen. Vielleicht gibt es genug radikale Menschen, die euch wählen. Und dann akzeptieren wir euch. Ich persönlich als afghanischer Staatsbürger müsste es akzeptieren, wenn ein Taliban kandidieren würde und viele Wähler hätte. Aber du kannst doch nicht über das Töten anderer Menschen an die Macht kommen. Das kann es nicht geben!

Eigentlich dürfte man gar nicht mit ihnen reden, eigentlich müsste man einfach weiter gegen sie kämpfen.

Was Modschaddedi gestern sagte, hat mich wirklich fasziniert. Man muss den pakistanischen Geheimdienst rausdrängen. Ihn unter Druck setzen, dass tatsächlich diesen Radikalen keine Bleibe geboten wird. Fanatismus kommt meistens nicht aus Afghanistan. Unsere Nachbarn haben natürlich auch ihre politischen Ziele. Und diese Länder bekommen Unterstützung, weil sie dort Militärstützpunkte erlauben. Ich frage mich eigentlich, warum die Weltgemeinschaft denen gegenüber nicht aufsteht und sagt: Leute, das geht nicht! Ihr tötet nicht nur euch selbst, ihr tötet die Weltgemeinschaft mit. Psychologisch tötet ihr die Weltgemeinschaft.

KK: Wie groß ist heute der Einfluss, die Macht der Taliban in Afghanistan?

Bahram: Als die Russen aus Afghanistan rausgingen, fing der Bürgerkrieg an. Vier Jahre lang befanden sich die Afghanen in einem wirklich grausamen Bürgerkrieg. Dann waren da diese jugendlichen Afghanen, die sich Taliban nannten. Taliban bedeutet eigentlich Schüler. Die waren Koran-Schüler und sind tatsächlich mit weißen Fahnen durch Afghanistan gegangen mit dem Versprechen, wir bringen euch Sicherheit.

Man kann sich das so vorstellen: Du bist in einem Land, in dem Bürgerkrieg herrscht, und dann kommen riesige Gruppierungen und versprechen Sicherheit … dann gibst du denen doch eine Chance.

Nachdem die Taliban sich dann etabliert hatten – was heißt etabliert: als sie gut 80 Prozent von Afghanistan überommen hatten, waren auf einmal Al Kaida und Osama bin Laden an der Macht. Nicht nur die Taliban.

Und wir, oder genauer, die afghanische Regierung hat damals den Fehler gemacht, Osama bin Laden aus dem Sudan hierher nach Kabul einfliegen zu lassen. Der hat sich dann mit den Taliban zusammengeschlossen, und auf einmal hat er die Macht gehabt. Er hatte Geld und sagte den Taliban: Wir sind Brüder, der Islam hat keine Grenzen, der Islam kennt keine Nationalitäten, und ich bin für euch da. Er hat hier Al Kaida gegründet. Und da hat natürlich alles einen völlig anderen Sinn bekommen – das, was wir hier erlebt haben, was sie gemacht haben mit diesem Land in den letzten zehn, fünfzehn Jahren. Oder was sie immer noch machen.

Als die Afghanen begannen, Widerstand gegen Russland zu leisten, haben die Amerikaner afghanische Kinder und noch dazu pakistanische Kinder, Paschtunen, in diese Madras-Schulen geschickt. Die Kinder haben dort den Koran auswendig gelernt, und man hat sie im Umgang mit Waffen ausgebildet. Man hat sie sich praktisch als grausame Krieger »herangezüchtet«. Die Kinder erlebten, dass sie tagtäglich ihre Eltern oder Verwandten verloren, sie wurden schnell erwachsen, bis sie schließlich als erwachsene Taliban an die Macht gekommen sind. Das Allererste, was sie als Machthaber veranlassten, waren Verbote: das Verbot, Musik zu hören, das Verbot für Frauen, auf die Straße zu gehen. Dann die Pflicht, als Mann einen Bart zu tragen, und solche Sachen.

Die Taliban haben sich extrem in das private Leben der Bevölkerung eingemischt. Das alles ist im Koran gar nicht so genau vorgegeben, wie die Taliban es behaupten. Den Islam hatten wir hier in Afghanistan ja auch schon vor den Taliban.

KK: Hatte das mit Druck zu tun? Wenn ich sehe: Mein Nachbar trägt jetzt einen Bart. Ich bin eigentlich rasiert, aber dann trage ich jetzt auch lieber einen Bart. Seine Frau trägt ein Kopftuch, dann trägt meine jetzt auch Kopftuch?

Bahram: Viele Menschen haben einfach versucht, so auszusehen wie die anderen oder wie die, die die Macht haben. Das war das Problem.

KK: Hatten wir ja auch bei uns in Deutschland, dass einer kam und sagte, ich hol euch raus. Arbeitslosenzahl ist hoch … die Welt hasst uns. Und zack, trägt man Uniform und Abzeichen, weil es schön aussieht und weil es dazugehört.

Bahram: Ganz genau. Die Menschen sind überall gleich. Wie es mit diesem Land oder sämtlichen islamischen Ländern weitergeht, das wissen wir nicht. Das Schlimme daran ist, sieh nur den Arabischen Frühling: Überall, wo Menschen für Rechte und Freiheit demonstrieren, kommen islamisch-radikale Parteien an die Macht. Weil sie offenbar irgendwie sehr schnell Menschen manipulieren können, denke ich. In der islamischen Welt kann man sehr schnell Menschen gegen den Westen aufbringen.

Aber ist das, was der Westen tut, eigentlich richtig?

Was sich die Amerikaner die letzten zwanzig Jahre geleistet haben, das war auch nicht richtig. Ich frage mich auch manchmal, warum eigentlich die Amerikaner oder die NATO überhaupt noch in Afghanistan sind. Ganz ehrlich. Ich meine, sie hätten doch hier eine fantastische Luftwaffe schaffen können und einfach anstatt Hunderttausende Soldaten zehntausend militärische Ausbilder und Experten in

diesem Land stationieren können, um die Afghanen auszu-
bilden.

Die Kosten, die ihnen hier entstehen, die brechen ihnen
doch in ihrem eigenen Land das Genick. Die können das hier
doch kaum tragen, die Amerikaner haben Milliarden hier
für die Stationierung ihrer Soldaten ausgegeben. Oder auch
die Deutschen, wie viele Milliarden haben sie bisher hier
ausgegeben?

Du siehst das doch in Kunduz oder Mazar. Die Soldaten
sind nur in ihren eigenen Camps. Sie bauen immer nur weiter an ihren eigenen Camps.

KK: Das ist eine Stadt in der Stadt.

Bahram: Was nutzt das? Ich hätte es gut gefunden, wenn
deutsche Ingenieure und militärische Experten sich hier zusammen mit Afghanen beteiligt hätten.

KK: Das war doch der Grundgedanke, oder? Man spricht immer davon, die Deutschen kommen, um Brunnen zu bauen,
Krankenhäuser … merkt man davon was?

Bahram: Die deutsche Entwicklungshilfe ist hier natürlich
auch sehr stark präsent. Aber das ist eine zivile Hilfe. Die
Deutschen tun hier sehr viel, im Norden werden wirklich
Straßen gebaut, die Deutschen bauen dort Schulen. Das
finde ich wirklich fantastisch. Aber das hat nichts mit dem
Militär zu tun. Man fragt sich, wozu ist diese militärische
Macht in Afghanistan präsent? Um einfach mal zwei Tanker, die zufällig in irgendeinem Fluss im Kunduz steckten,
durch den Befehl irgendeines Obersts, der vielleicht besof-
fen war und die Nachricht »Hallo, da sind zwei Tanker, und

die Taliban holen sich da Benzin« bekam, zu bombardieren? Und zack, auf einmal hatten sie 150 Menschen getötet. Bis heute streiten sich die Gerichte darüber, warum der das getan hat.

KK: Der Mann wurde auch noch befördert.

Bahram: Das ist sehr interessant, was du sagst. Stimmt. Ich erinnere mich. Ich glaube, er hieß General Klein oder so, ja? Er ist, statt bestraft zu werden, in Deutschland sogar noch befördert worden. Weil der wahrscheinlich dachte, richtig zu handeln, als er mit einem Knopfdruck 150 Menschen töten ließ. Das gibt's gar nicht.

KK: Die Presse hat ja darüber berichtet, dass die Verantwortlichen eigentlich hätten Bescheid wissen müssen.

Bahram: Weißt du, wie das eigentlich war? Tatsächlich haben Taliban zwei Tanker voll mit Sprit geklaut, die Tanker dann aber in irgendeinem Dorf zurückgelassen und den Dorfbewohnern gesagt, sie sollen sich das Benzin nehmen. Die haben Benzin verschenkt an die Leute. Und die Dorfbewohner, da sie keinen Strom haben, sind alle dahin mit ihren Kanistern, und auf einmal kommen diese Bomben von Herrn Klein.

Wieso, weshalb? Aus Angst kann man ganz große Fehler machen. Und man sieht tatsächlich, dass die Amerikaner, Engländer, Deutschen aus Angst sehr viele Afghanen hier getötet haben.

KK: Zivilisten …

Bahram: Ja, Zivilisten. Eine Hochzeit mit vier-, fünfhundert geladenen Gästen. Es ist eine alte Tradition bei einer afghanischen Hochzeit, dass, wenn das Paar vermählt ist, in die Luft geschossen wird. Auf den Moment, wo bei dieser Hochzeit in Orosgan jemand aus Freude in die Luft schoss, folgte der Einschlag einer Bombe. Die gesamte Hochzeitsgesellschaft wurde getötet. Aus Angst macht man manchmal ganz schreckliche Sachen. Man tötet.

KK: Aber auch, wenn man sich nicht vorbereitet, sich nicht mit dem Land, mit euch oder mit lokalen Verhaltensregeln auseinandersetzt …

Für mich ist das jetzt gerade eine komische Situation: Also, wir haben die Ansage bekommen, wir dürfen nicht rausgehen, sitzen jetzt hier aber trotzdem draußen auf dem Hof des Hotels. Eigentlich eine Situation, die uns in Panik versetzen müsste, aber ist irgendwie nicht so, oder?

Bahram: Nein. Man gewöhnt sich dran. Du bist auch schon das zweite Mal hier in Afghanistan, du gewöhnst dich da auch langsam dran. Du läufst hier wie ein Zivilist herum, eigentlich siehst du auch aus wie ein Afghane …

KK: Ich gebe mir Mühe.

Bahram: Aber, wie ich vorhin schon gesagt habe, in diesem Land darf Sicherheit nicht zur Routine werden. Man muss wirklich genau darauf achten, wie man sich bewegt, wo man sich bewegt und so weiter. Und Warnungen nehmen wir natürlich ernst. Das ist wichtig. Ich hab sehr viel gesehen in diesen letzten acht Jahren. Wie viele Attentäter, Bomben, die hochgegangen sind … und jedes Mal habe ich gedacht: Ich habe Glück gehabt. Aber man sollte nicht auf diesem Glück reiten.

KK: Gut, wir sitzen jetzt hier im Hinterhof des Hotels, harren der Dinge … theoretisch könnte es jetzt sein, dass der Nachbar ein Sprengstoffattentäter ist, der jetzt gerade losgeht …

Bahram: Du kannst dir das von weit weg gar nicht vorstellen … Statistisch gesehen werden 80 Prozent der Attentäter durch die Staatssicherheit und die Polizei vor einem Attentat gefasst. 80 Prozent! Und trotzdem passiert hier fast jeden Monat etwas. Aber Gott sei Dank haben sich afghanische Sicherheitsbeamte und Polizisten darauf spezialisiert, spezialisieren müssen, weil sie ja ständig damit konfrontiert sind.

Sie haben immer mehr Erfahrung damit, und das beruhigt einfach. Ich hoffe, dass ab 2014 die Menschen hier ein Stück mehr Ruhe finden. Ich glaube, die Afghanen sind nicht traurig, wenn ab 2014 die Amerikaner, die NATO rausgehen …

KK: Das ist so, oder?

Bahram: Ja. Jetzt hilft es nicht mehr. Vielleicht half es am Anfang. 2001 sind sie gekommen … ich hätte vielleicht zwei, drei Jahre sinnvoll gefunden und dann Experten, Ausbilder, Lehrer usw. hiergelassen. Militär nicht, die Afghanen haben selbst 30 Jahre Krieg gehabt.

Kabul-City, nach der Ausgangssperre

KK: Das ist doch eine ständige Bedrohung. Wenn ich mir vorstelle, ich lebe hier und ich sehe andauernd Leute mit Maschinengewehren, die Häuser sind bewacht, Stacheldraht, Mauern, Panzer fahren durch …

Bahram: Grausam ist das. Das ist meine Heimat. Das ist mein Land.

KK: Es ist ein bisschen, als wenn hunderttausend Gärtner nach Afghanistan gekommen sind, doch es gibt nichts mehr zum Begrünen. Oder noch besser: Ich habe ein Haus, stelle zehn Gärtner ein und bemerke dann irgendwann: Ich hab gar keinen Garten. Oder nur einen großen Parkplatz. Alle stehen rum, mit Gießkannen, und gehen nicht nach Hause.

Bahram: Stell dir mal vor, du hast Lust, deinen Garten selbst zu machen, aber du weißt nicht, wie. Du hättest vielleicht einen Gärtner gebrauchen können, der dir etwas hätte beibringen können. Dann hättest du gerne deinen Garten selbst grün gestaltet.

KK: Bei uns gibt's Tine Wittler. Kennst du die? Die kommt zu dir nach Hause und renoviert deine Wohnung. Das ist so meine Vorstellung: Ich geh morgens aus dem Haus, komme abends zurück und kriege eine Wohnung, die absolut zum Kotzen aussieht. Und das ist Tine Wittlers Schuld!
Danke für deine ehrliche Meinung!

Bahram: Danke, dass du gefragt hast!

Auf dem Markt in Kabul

Auf den Straßen geht es ein bisschen zu wie nach einer gewonnenen Fußballweltmeisterschaft. Überall laufen Menschen herum. Fußgänger und Autos teilen sich die Straßen. Der Verkehr stockt. Ich stelle mir vor, dass inmitten dieser Menschenmassen plötzlich eine Bombe explodiert. Hunderte von Menschen würden auf der Stelle sterben. Ich schaue Bahram an, der neben mir im Auto sitzt. Von ihm weiß ich, dass jeder von unseren Gastgebern schon mindestens einmal bei einem Anschlag dabei gewesen ist.

Auf dem Markt in Kabul

An jeder Ecke stehen, obwohl man die potenziellen Selbstmordattentäter schon gestellt hat, immer noch Militärwagen, Pick-ups voller afghanischer Soldaten. Auf der anderen Seite spürt man die Erleichterung der Menschen, dass sie sich, zumindest für einige Zeit, wieder frei in ihrer eigenen Stadt bewegen können.

Manche fahren auf Motorrädern Waren aus. Andere transportieren Kisten auf einen der Märkte, die in der Stadt ineinander übergehen. Andere tragen nur ihre Einkäufe oder stehen herum und verhandeln mit den Händlern, die ihre Waren anpreisen.

Es herrscht ein unglaubliches Durcheinander. Allerdings

gibt es einen Unterschied zu anderen Märkten auf der Welt. Und das sind die Blicke der Menschen. Bei allem, was die Menschen auf diesem Markt gerade machen, sie sind extrem wachsam. Unser Auto-Konvoi entgeht niemandem. Alle Kabuler, an denen wir vorbeifahren, werfen einen Blick auf uns.

Wir steigen aus. Sobald die Leute unsere Autos nicht mehr sehen, sind wir auf den ersten Blick auch nicht mehr als Ausländer zu erkennen. Denn wir tragen mittlerweile alle afghanische Kleidung.

Was würde passieren, frage ich Bahram, wenn wir als Ausländer erkannt werden?

Als Deutsche, antwortet er, nichts. Höchstens Freude, mal einen Deutschen kennenzulernen. Als Amerikaner wäre es schlechter.

Ich frage, inwiefern das schlechter wäre, aber ich bekomme keine Antwort.

Ein Junge mit einem Holzkarren, der mit Nüssen voll beladen ist, kreuzt unseren Weg. Wir fragen ihn, ob er damit einverstanden sei, wenn wir ihn filmen würden. Er ist einverstanden. Die Polizisten auf der anderen Straßenseite allerdings nicht. Zwei Gesten von Bahram reichen, um die Polizisten zu beruhigen. Wir dürfen weitermachen. Ich kaufe noch ein Kilo Nüsse. Bezahlen darf ich nicht. Das macht Bahram. Mit meiner Tüte voller Nüsse mache ich einen Spaziergang über die angrenzende Brücke. Wir werden zwar noch angeschaut, aber nicht mehr so skeptisch wie beim Aussteigen.

Bevor wir unseren Rundgang über den Markt weiterführen können, bekommen wir noch kurz ein paar Regeln von unserem Sicherheitschef mit auf den Weg: Wir können uns ganz normal bewegen. Wir können ganz normal filmen. Sobald wir jedoch bemerken, dass jemand nicht gefilmt werden möchte, sollen wir den Dreh sofort abbrechen. Und wir sollen auf keinen Fall Englisch sprechen. Wenn überhaupt, dann Deutsch. Wir haben zwei Sicherheitsleute, die ständig um uns herum sind. Bei der geringsten Gefahr würden sie den Kreis um uns zuziehen, und wir sollen uns dann an unserem Sicherheitschef orientieren und Richtung Autos laufen. Bahram allerdings winkt ab. Das wird hier eher ein Spaß, ist seine Meinung. Angst wegdrücken und Kabul genießen, das ist die Devise.

Wir gehen weiter. Kurz darauf biegen wir in eine kleine Gasse ab. Hier pulsiert das Leben noch mal anders als eben auf dem großen Markt. Man sieht viele Handwerker, die alle ihrer Arbeit in kleinen überdachten Verschlägen nachgehen. Ich erblicke einen Schmied und gehe auf ihn zu. Je näher ich ihm komme, desto skeptischer beobachtet er mich. Bahram sagt ihm irgendwas auf Persisch. Mit einer Geste teilt der Schmied mir plötzlich mit, dass ich mich zu ihm setzen soll.

Bahram erzählt mir, dass er dem Mann gesagt hat, dieser Freund hier interessiert sich für deinen *ehrbaren* Beruf. Darf er dir zuschauen?

Ich verstehe jetzt, warum Bahram immer sofort mit allen Leuten leicht in Kontakt treten kann. Ob es nun der kleine Junge ist, der uns auf dem Berg Tee verkauft hat, ob es ein hochrangiger Staatsmann ist wie Sibghatullah Modschaddedi oder eben jetzt der Schmied. Er erweist allen Leuten, denen er begegnet, gebührenden Respekt.

Ich kann mich jetzt noch besser in die Situation der Afghanen versetzen. Wie es sein muss, wenn in das Land, in dem man lebt, Hunderttausende von Soldaten einmarschieren, die den Bürgern nichts über ihr Vorhaben und ihre Absichten erzählen. Wie würde ich wohl reagieren, wenn ich dreißig Jahre in so einem Zustand leben müsste? Ich kann es mir nicht vorstellen.

Mit meinen Fragen und meinen Erkenntnissen gehe ich weiter die Gasse entlang. Mit einem Mal überkommt mich ein sehr gutes Gefühl. Ich habe es wirklich getan. Ich bin hier und laufe gerade durch den zivilen Teil von Kabul. Hier leben die Menschen nicht nur in Bunkern und laufen wegen der Anschläge ständig geduckt herum, sondern es findet das statt, was ich zu sehen gehofft hatte: normales Leben. In meiner afghanischen Kleidung bin ich von den anderen kaum mehr zu unterscheiden. Es ist, als gehörte ich dazu. Ich könnte weinen. Denn allein für diesen Augenblick hat sich die ganze Reise gelohnt.

Die Heimreise

Ich habe mich im Gegensatz zu meinem letzten Aufenthalt in Kabul dazu entschieden, nicht direkt nach Hause zu fliegen, sondern in Istanbul, wo man eh umsteigen muss, einen Zwischenstopp zu machen und dort zusammen mit Tankred ein paar Tage zu verbringen, um das Erfahrene fernab von zu Hause in Ruhe sacken zu lassen.

Als wir, nach fünfmaliger Passkontrolle und dem Entrichten von vierhundert Dollar für La Fees Übergepäck, endlich im Flieger nach Istanbul sitzen, ist mein Kopf komplett leer. Völlig emotionslos sitze ich da und schaue mich im Flieger um. Schräg gegenüber am Gang sitzt Tankred. Er trägt seine Sonnenbrille, die mit den schwarz gefärbten Gläsern. Im Innenraum scheint nicht gerade viel Sonne, vor der es sich lohnen würde, einen Schutz zu tragen. Irgendwoanders auf der Welt hätte ich ihm jetzt dafür sicherlich einen blöden Spruch reingedrückt. Nicht heute. Ich sehe, dass er weint.

Warum weine ich nicht? Bin ich gefühlskalt? Gehen dem feinen Herrn Krömer die gesammelten Erfahrungen der Reise nicht nahe genug? Nein, mit dir ist schon alles in Ordnung, denke ich mir. Ich kenne das noch vom letzten Mal. Die Angst und der Prozess des Verarbeitens werden erst zu Hause einsetzen. Damals war es genauso. Die Angst vor dem, was alles hätte passieren können. Die Gedanken über all die gefährlichen Situationen, in denen wir uns befunden haben, das alles würde mich erst zu Hause erreichen.

Jetzt ist davon bei mir aber noch nichts zu spüren. Während Tankred weint, bestimmt, weil der Stress von ihm abfällt und er sich endlich wieder in Sicherheit fühlt, stellt sich für mich nur ein einziges Problem: Ich habe für Istanbul keine frische Unterwäsche mehr. Ich bin zwar kein Psychologe, aber das nennt man wohl Verdrängung.

Ich klappe meinen Laptop auf und schaue meine Serie weiter. In der gerade laufenden Szene geht es um einen Verdächtigen, der kurz davor steht, wegen achtfachen Mordes ins Gefängnis zu wandern. Als Druckmittel zeigt der Kommissar ihm noch einmal die Fotos von den Leichen. Blitzartig klappe ich den Laptop zu.

Neben mir sitzt ein junger Afghane, der auf seinem iPad für seine Flugausbildung übt. Auf der Hinreise nach Kabul hätte mich diese Situation noch in Angst und Schrecken versetzt. Was macht der Mann da?, hätte ich mir gedacht. Kurz vor der Entführung der Maschine noch mal schnell alle Details durchgehen? Nein. Neben mir saß einfach nur ein junger Afghane, der sich auf die Prüfung als Pilot vorbereitet. Basta.

Am Atatürk Airport in Istanbul angekommen, verabschieden wir uns auf dem Weg zur Passkontrolle von La Fee. Er ist leichenblass und heftig dabei, seine Erlebnisse zu verarbeiten, oder besser gesagt sein Darm. Noch am Morgen in Kabul bekamen wir zum Frühstück jeder ein Ei. La Fee erklärte noch, eigentlich gar keine Eier zu vertragen, aber heute esse er eins. Siegessicher wie damals Harald Juhnke, der der festen Überzeugung war, *ein* Schnaps werde ihn ja wohl nicht umbringen, verputzte La Fee sein Ei. Es ist vielleicht wie bei mir mit der frischen Unterwäsche: wir konstruieren uns neue Probleme, die dafür sorgen, dass wir uns noch nicht mit dem Erlebten auseinandersetzen müssen.

Nach dem Rauchen von zwei Zigaretten vor dem Eingang des Flughafens fahren wir mit dem Taxi Richtung Hotel. Mir wird warm. Nach einigem Zögern kurbele ich die Fensterscheibe einen Spaltbreit herunter. Nur langsam realisiere ich, dass das nun kein Problem mehr ist. Das Fenster lässt sich wieder herunterkurbeln, und das Fahrzeug ist auch nicht mehr gepanzert. Ein kleines Gefühl von Freiheit macht sich in mir breit. In einer kleinen Gasse, kurz vor dem Taksim-Platz, kommt es zu einem längeren Stau. Ein Auto, das genauso wie unseres weder vor- noch zurückfahren kann, kommt direkt neben uns zum Stehen. Die Situation beunruhigt mich. Ich drücke die Verriegelung meiner Tür herunter. Ich habe Angst vor einer Entführung. Als der Taxifahrer uns zum Rauchen im Wagen auffordert, verfliegt die Angst wieder. Wir rauchen beide, und ein Gefühl von Glückseligkeit stellt sich ein.

Nachdem wir gut essen waren und ich mich mit neuen So-
cken und frischen Unterhosen eingedeckt habe, liegen wir
nun zusammen wie ein altes Ehepaar im Bett meines Zimmers. Zwischen uns mein Laptop, auf dem die erste Folge der
fünften Staffel von *Breaking Bad* läuft. Das hatten wir uns
damals vor der Reise als Ziel gesetzt: wenn wir lebend aus
Kabul zurückkommen, dann gucken wir am ersten Abend in
Istanbul *Breaking Bad.*

Halb wieder in der Realität angekommen, geht es nach
zwei Tagen nun endgültig zurück nach Deutschland. Wir
haben Tausende von Kilometern zurückgelegt, haben mindestens dreißig Passkontrollen durchlaufen. Weltweit hatte
keiner irgendetwas an meinem – zwar schon zehn Jahre alten, aber immer noch gültigen – Reisepass auszusetzen gehabt. Außer jetzt hier Frau Schlau-Schlau von der Passkontrolle in Berlin-Tegel. *Dit is' mit dem Pass aber die letzte
Reise, wa?* Die vorvorletzte, erwidere ich. Ich fliege nächste
Woche noch schnell mit meinen zwei afghanischen Visa
im Pass nach Amerika, dann nach Ägypten, um dann von
Ägypten nach Israel zu fliegen, um dort Badeurlaub zu machen. Ottfried Fischers Mimik-Spiel wäre in dieser Situation im Vergleich zu ihrem ein Potpourri der tausend Mög-
lichkeiten. Versteinert und angewidert gibt sie mir meinen
Pass zurück.

Um nicht zu viel Zeit zu vergeuden, während wir am Ge-
päckband auf unsere Koffer warten, nutze ich die Gelegen-
heit, schon mal alles startklar zu machen für die erste Zigarette vor dem Flughafengebäude. Mit unserem Gepäck
begeben wir uns Richtung Ausgang. Eine Flughafenange-
stellte kommt auf mich zu. Autogramme habe ich nicht dabei, denke ich mir, aber wir können ja ein Foto machen. Mit

guter Laune gehe ich auf sie zu, mit sehr schlechter Laune erklärt sie: *Zoll, wir würden gerne mal Ihr Gepäck kontrollieren.* Wir legen unsere Rucksäcke und die Tüten mit den Zigarettenstangen aus dem Duty-free-Shop in Istanbul auf das Fließband zum Röntgen.

Mit Blick auf Tankreds und meinen Rucksack, der nun durchleuchtet vor uns liegt, fragt uns die Beamtin: *Haben Sie da noch mehr Zigaretten drin?*

Nei... ja, sage ich.

Bitte?

Mir fällt die Stange *Seven Stars Light* ein, die uns Bahram vor dem Abflug in Kabul noch geschenkt hat.

Also ja oder nein?

Verdammte Scheiße, ja! Ham wa. Jeweils eine Stange plus, platzt es aus mir raus.

Müssten Sie nachzahlen, sagt uns Frau Raffzahn, die bestimmt mit Frau Schlau-Schlau von eben über ein paar Ecken verwand ist.

Da ich aus meiner Stange aus Istanbul schlauerweise gerade eben eine Schachtel entnommen habe, gilt diese nun nicht mehr als vollwertig. Weil ich also als fleißige Ameise für den Winter vorgesorgt habe und Tankred nicht, ergibt sich folgende Rechnung: ich muss achtundsechzigvierzig nachzahlen und Tankred die vollen sechsundsiebzig Euro. Ich habe also eine Stange (wobei ich verdränge, dass sie mir eigentlich geschenkt worden ist, um meinen Schmerz zu verringern) achttausend Kilometer und die zweite Stange circa dreitausend Kilometer gen Deutschland geschleppt, um nun nach der ganzen Strapaze hier mit einem Plus gegenüber Tankred von sieben Euro sechzig aufzuschlagen. Mit dieser Aktion und diesem mordsmäßigen Schnäppchen bin ich jetzt wohl endgültig König im Land derer, die sich morgens die Unterhose über den Kopf anziehen. Ich finde das alles höchst amüsant, wie bekifft reiche ich ihr meine EC-Karte und bezahle brav meine Steuern nach. Bei Tankred sieht die Stimmung anders aus. Seine Humor-Ressourcen sind, wie es scheint, restlos aufgebraucht, und Nachschub ist noch lange nicht in Sicht. Er steht, glaube ich, kurz davor, der Beamtin die Stange Zigaretten mit voller Wucht auf den Kopf zu schlagen und sie anschließend durch das Röntgengerät zu ziehen, um zu sehen, was der Schlag für Veränderungen verursacht hat. Vielleicht hängt die Humorlosigkeit auch mit der Tatsache zusammen, dass Tankred, der eigentlich aus dem Norden kommt, nun gleich in seine neue Wahlheimat nach Köln muss, wo jetzt gerade der Karneval in vollem Gange ist. Als wir nun endlich den Zoll verlassen und den Ausgang betreten, wartet da schon eine alte Bekannte auf mich, Frau Brahms. Frau Brahms ist Berliner Taxifahrerin und wird immer gerne für Fahrten wie die heutige von mir im Vorfeld gebucht. An Tagen, an denen man nicht viel reden, sondern einfach nur noch nach Hause möchte. Ich verabschiede mich von Tankred. Wir reden nicht viel, nehmen uns in den Arm, drücken uns und sagen Tschüss. Dann gehen wir auseinander. Ein, zwei Tage wird es noch dauern, dann werden wir uns wieder sammeln und über das Erfahrene sprechen.

Frau Brahms legt Barry White auf, und wir fahren durch die Berliner Nacht. Nicht wegen Barry White, aber weil ich nun wieder wohlauf in meiner Heimatstadt Berlin bin, rollen nun auch bei mir die ersten Tränen. Zu Hause angekommen, bin ich ruhig, verstört, leicht autistisch und vor allem müde. Ich rauche noch vier, fünf von meinen Achtundsechzigvierzig-Zigaretten und werde melancholisch. Ich habe Fernweh. Mir fehlt Kabul. Ich drehe in der gesamten Wohnung alle Heizungen auf null und lege mich mit Anziehsachen ins Bett. Die Bettdecke ziehe ich mir bis zum Kopf hoch und schlafe sofort ein.

Nachwort

Würde man mich fragen, ob ich noch mal nach Afghanistan fliegen möchte, ich würde sofort Ja sagen. Denn viele Fragen sind für mich offengeblieben. Außerdem sind mir dieses Land und seine Bewohner ans Herz gewachsen. So werde ich weiterhin die Entwicklungen dort im Auge behalten. Ob nun von zu Hause aus oder vor Ort.

Bei unserem insgesamt knapp zweiwöchigen Aufenthalt in Afghanistan haben wir zwar Dutzende von Menschen kennengelernt und deren Geschichten gehört, aber für eine repräsentative Hochrechnung würde es wohl noch nicht reichen. Ich bin sicher, selbst wenn ich ein ganzes Jahr in Afghanistan gelebt hätte, wäre es immer noch mühsam, sich ein genaues Bild zu machen über all die Zusammenhänge, die zu diesem großen Konflikt führten, in dem sich dieses Land noch heute befindet. Darum ist es auch unmöglich – für mich zumindest –, die große Frage *Wie entwickelt sich die Lage in Afghanistan?* zu beantworten. Ich habe mir selbst diese Frage natürlich oft gestellt, habe immer wieder nach Antworten gesucht, oft nachts wach gelegen, Kopfschmerzen gehabt, und dann wurde mir meist schlecht von dem Gedanken-Karussell, das umso mehr an Fahrt aufnimmt, je länger man sich mit diesem Thema auseinandersetzt. Ich habe letztendlich keine Antwort gefunden. Erst einmal war ich ob der überwältigenden Komplexität dieses Konflikts überfordert. Mich haben die Eindrücke, die Geschichten und die Erfahrungen geradezu überrollt. Die Vernunft und das Bauchgefühl sagen mir, dass der Einsatz der Soldaten überflüssig und der Krieg mit herkömmlichen Strategien nicht zu gewinnen ist. Aber in diesem Krieg geht es, glaube ich, schon lange nicht mehr um Vernunft. Zum Beispiel kostet der Einsatz von über fünftausend deutschen Soldaten in Afghanistan pro Jahr satte drei Milliarden Euro Steuergelder. In Berlin würde das Geld zwar nicht einmal für den Bau eines Flughafens reichen, aber zum Aufbau von Afghanistan würde mir schon einiges einfallen, wenn mir diese Summe stattdessen dafür zur Verfügung stünde. Die Amerikaner sind seit mehr als zwölf Jahren in Afghanistan stationiert. Es hat nur wenig gebracht. Im Gegenteil: Sollten sich alle Soldaten (aller Nationen) aus Afghanistan zurückziehen, wird die Angst bleiben, dass die Taliban erneut das ganze Land überschwemmen und wieder an die Macht kommen, sodass der Einsatz aller Soldaten seit dem Jahr 2001 völlig umsonst gewesen wäre. Ich werde bis zum Schluss dieses Buches hier keine Zahlenschlacht eröffnen, im Internet stößt man allerdings schnell auf die Summen, die die Amerikaner für den gesamten Einsatz bis heute bezahlen mussten. Das ist die einzige Zahl, an der ich mich hier trotzdem leicht festbeißen möchte: eine Billion (1.000.000.000.000) US-Dollar. Für dieses Geld kann man also Tausende von Soldaten entsenden, man bekommt für diese Summe viele Waffen, Militärflugzeuge, Düsenjäger, Panzer und Abwehrraketen, aber für all das Geld bekommt man anscheinend nicht einen einzigen Menschen dazu, seine Einstellung zu ändern und sich *nicht* mit einem Sprengstoffgürtel in die Luft zu jagen.

Ich kann nicht mutmaßen, wie lange der Wiederaufbau

Afghanistans dauern wird, geschweige denn wann er ernsthaft anfangen wird. Ich weiß nur, dass ein Dr. Helmut Kohl mit dem Versprechen, in wenigen Jahren würden überall in Afghanistan blühende Landschaften zu sehen sein, erneut auf die Fresse fallen würde. Im Kleinen kann man die DDR vielleicht sogar als Beispiel nehmen. Nur dass die DDR um 1989, im Vergleich zum heutigen Afghanistan – was die Infrastruktur, die Stromversorgung, Kanalisation, et cetera angeht – ein Schlaraffenland war. Der Aufbau Ost ist immer noch im Gange, und man sieht im Land nun, nach mehr als zwanzig Jahren, wirklich einige blühende Landschaften. Wir haben es fast geschafft. Aus tiefstem Herzen wünsche ich mir diesen Aufbau, die blühenden Landschaften (und damit meine ich keinen Mohn) auch für Afghanistan.

Macht's jut Nachbarn!

Quellenangaben/Fotografien

www.kurtkroemer.de